MARCO MEDA

AUTOR DO LIVRO "SEJA LÍDER!"

GERANDO ECO!

OS SEGREDOS DA COMUNICAÇÃO E DA ORATÓRIA PARA VENCER O MEDO DE FALAR EM PÚBLICO.

Coleção CURSO EM LIVRO

Editora Leader

Diretora de projetos: Andréia Roma
Revisão: Editora Leader
Capa: Luis Meda
Projeto gráfico e editoração: Editora Leader
Livrarias e distribuidores: Liliana Araújo
Atendimento: Rosângela Barbosa
Gestora de relacionamento: Juliana Correia
Organização de conteúdo: Tauane Cezar e Milena Mafra
Diretor financeiro: Alessandro Roma

Dados Internacionais de Catalogação na Publicação (CIP)
Bibliotecária responsável: Aline Graziele Benitez CRB-1/3129

M436f
1 ed.

Meda, Marco
Formação gerando eco / Marco Meda. 1. ed – São Paulo: Leader, 2019.

ISBN: 978-85-5474-084-9

1. Oratória. 2. Neurolinguística - PNL. I. Título.

CDD 306.44

Índices para catálogo sistemático:
1. Oratória
2. Neurolinguística: PNL

2019

Editora Leader Ltda.

Escritório 1:
Depósito de Livros da Editora Leader
Rua Eratóstenes Azevedo, 204
São Paulo – SP – 02969-090

Escritório 2:
Av. Paulista, 726 – 13° andar, conj. 1303
São Paulo – SP – 01310-100

Contatos:
Tel.: (11) 3991-6136
contato@editoraleader.com.br | www.editoraleader.com.br

Coleção Curso em Livro

É com grande satisfação que a Editora Leader apresenta ao público mais um projeto pioneiro e inovador. Este *Gerando Eco – Os Segredos da Comunicação e da Oratória para Vencer o Medo de Falar em Público* é mais um livro da Coleção Curso em Livro, no qual, em conjunto com autor, o objetivo é transformar seu aprendizado. A Coleção foi idealizada pela Leader.

Esse projeto de transformar cursos em livros nasceu com base em estudos das necessidades do mercado quanto aos temas a serem publicados e sobretudo para atender às tendências dos tempos atuais, em que se exige cada vez mais capacitação dos profissionais de todas as áreas, mas, por outro lado, a maioria das pessoas tem cada vez menos tempo, devido às exigências de compromissos sociais, pessoais e de trabalho.

Serão obras em diversas áreas do conhecimento com as quais os leitores terão a possibilidade de uma formação completa em determinado tema.

As obras são escritas por especialistas de renome em suas áreas, convidados pela Editora Leader, com extensa formação tanto nacional como internacional. Com sua expertise vão proporcionar aos leitores o conhecimento necessário para dominarem os assuntos escolhidos e se tornarem profissionais com excelente base para exercerem suas profissões. Ou também aplicarem o conteúdo de nossa Coleção para seu autoconhecimento e consequente autodesenvolvimento.

Marco Meda, nosso autor convidado, enriquece a Coleção Curso em Livro com esta obra em que aponta todos os desafios, mas, principalmente, as técnicas para superá-los para quem quer falar bem em público.

Com linguagem clara e objetiva, a Coleção Curso em Livro preenche uma lacuna do meio editorial com a apresentação de obras como esta, que trazem dicas, orientações, exercícios práticos, modelos, ferramentas e técnicas voltadas para temas específicos e que mostram aos leitores os caminhos mais adequados para sua atuação.

A Editora Leader, com esta iniciativa, cumpre a missão primordial para a qual tem se dedicado, que é o desenvolvimento de profissionais em sintonia com os mais atualizados e eficazes recursos voltados para o aperfeiçoamento humano.

Iniciamos a Coleção Curso em Livro com as obras *Manual de Coaching Educacional, Eneagrama das Personalidades* e *Formação em Hipnose,* que estão à venda no site da Editora Leader.

Este livro vai se constituir no diferencial daqueles que desejam se destacar em suas carreiras, pois a Leader seleciona sempre com rigor, como já é praxe nas nossas publicações, profissionais que se destacam em sua área de atuação para participarem da Coleção e se tornarem nossos mestres.

Afinal, um livro muda tudo!

Andréia Roma

Fundadora, diretora de projetos e
CEO da Editora Leader

Agradecimentos

Profunda gratidão a minha família, Josi, Biel, Bella e Bia, minha editora, Andréia Roma, meu irmão, Luís Meda, minha equipe aqui da MEDA e a todos os amigos e buscadores que ajudaram a viabilizar este projeto. Em especial a Silvi Bonatti, Tony Fialho, Darcy Madeira, Nathália Quintella, Robson Binhardi, Antônio R. do Nascimento, Maria Cecília Canevazzi, Bibiana Cesari, Nanci Valério, Maria Faria, Adeir Seixas, Angela Tofoli, Walmir Perlatto, Polyana Bocalon, Ana Nery B. Soares, Daniela Colucci, Luciana Buin, Gisele dos S. Molaia, Barbara G. T. Fugiyama, Barbara Hannelore, Daniela Fidellis, Misleine Padilha e Carla Manzutti.

Prefácio

Prefaciar esta obra é ter a oportunidade de colocar em palavras o que há mais de 16 anos venho vivenciando na prática.

Desde que conheci Marco Meda, meu amor, percebi que a forma como ele ensinava em suas aulas era diferenciada, pois os alunos ficavam extasiados do começo ao fim, reagiam a cada intervenção, participavam quando solicitados ou quando sentiam que aquilo tocava seu coração, e ao final levavam para casa algo prático para fazer. Estas e outras particularidades me fizeram acreditar que aquilo que ele fazia era de fato único. No início eu até pensava que meus olhos estavam com um filtro de amor, aquele sentimento que deixa tudo colorido, mas não, os anos foram passando, os temas mudando, o público aumentando e os resultados eram cada vez melhores. No início eram apenas palestras curtas, depois treinamentos pequenos, médios e grandes. Não importava para quantas pessoas, pois, acredite ou não, até para uma pessoa ele ensinou, bem como ensinou para outras 2.000 em uma única turma, em que a entrega e os resultados eram exatamente como deveriam ser, atendendo especificamente às necessidades do público. Ele podia estar à frente falando sobre logística, Coaching, PNL, Eneagrama ou a mais sutil espiritualidade, os resultados eram o que eu chamo de "Quinteto do Sucesso na Oratória": 1 - Recepcionava alunos que queriam estar ali e da mesma forma os que não queriam tanto assim. 2 – Trazia-os para seu lado. 3 – Entregava exatamente o que estavam necessitando para seu trabalho e para sua vida pessoal. 4 – Terminava no auge. 5 – Estudava ainda mais sobre aquele tema para que a próxima aula fosse ainda melhor.

Muitos podem pensar que isso é fácil quando você possui todos os equipamentos dos quais precisa, ou ambientes extremamente preparados para as aulas, mas com ele nem sempre foi assim. Ele já ensinou em auditórios maravilhosos, igrejas com telhas de zinco, depósitos cercados por caixas, salas minúsculas com centenas de arquivos, pessoas sentadas no chão, salões de clube, coxo de vaca - claro, os contratantes haviam tirado os dejetos antes da palestra -, com o dedo do pé quebrado, enfim, alguns exemplos que fizeram parte desta jornada para que ele pudesse chegar nos mais de 100.000 alunos treinados. Ah! Você pode também estar pensando que para isso, com certeza, ele tinha um carro extremamente confortável para se locomover e hotéis de luxo para se hospedar e descansar e assim performar da melhor maneira possível, e minha resposta é NÃO, pois o carro, quando tudo começou, era uma Parati 1985 e os hotéis, ah, os hotéis, eu sei pois também estava lá, fazíamos como no filme "La vita è bella", o tornávamos um 5 estrelas.

Escrevo tudo isso para lhe contar que se tornar um Orador de sucesso independe do que você tem, e sim de quem você é para seu público.

É sobre SER UM ORADOR que o livro GERANDO ECO trata, é sobre como entender o seu público mesmo antes de você estar frente a frente com ele. É sobre como escolher e estudar um tema que preencha seu coração e sua alma. É sobre como entender suas emoções como orador e utilizá-las a seu favor. É sobre aprender técnicas infalíveis para entrar direto no coração do seu público. É também sobre como alinhar a sua missão de vida à vontade de ensinar e transformar outras pessoas, pois ser um orador é muito mais que entregar um conteúdo, é na verdade ser agente de transformação através de um tema complexo, tornando-o simples ao entendimento do público.

Tudo isso, Marco Meda colocou nesta obra, pois o que ele fazia intrinsecamente há tantos anos conseguiu colocar no papel de forma didática, transformando em um método de fácil entendimento, para que assim como ele você também tenha a oportunidade de se comunicar melhor e deixar seu ECO no UNIVERSO.

Aproveite cada palavra escrita neste livro e entenda que para o Meda se comunicar é muito mais que falar com fluidez, e sim, ter a segurança e as técnicas certas para ir diretamente ao coração do seu público.

Josi Meda

Sumário

Introdução ... 15
Pesquise seu Público ... 18
Prepare-se! ... 22
Recepcione o Seu Público ... 28
A Abordagem Inicial ... 32
Crie o Seu Próprio Ambiente ... 36
Você Lida com Pessoas ... 40
Traga-os para Você ... 46
Trabalhe as Emoções Fortes ... 50
Olhe nos Olhos ... 54
Chame pelo Nome ... 58
Posicione-se e Movimente-se ... 62
"Leia" as Pessoas ... 66
A Comunicação Não Verbal ... 70
Use o Corpo a Seu Favor ... 74
Aprenda a Escutar ... 78
Seja Engraçado com Seriedade ... 82

Confie no Seu Potencial 86
Interaja! 90
Carta na Manga 96
Pulo do Gato 100
Cereja do Bolo 104
Simples e Objetivo 108
Leia os Rostos e Mude o Rumo 112
Interprete o Corpo e Ajuste a Linguagem 116
Deixe Seu Corpo Falar 120
Crie Âncoras 124
Deixe o Gostinho de Quero Mais 130
A Sua Segurança é o Seu Sucesso 134
Construa a Sua Imagem 138
Vista-se Adequadamente 142
Gere Resultados Práticos 146
Utilize Dinâmicas e Vivências Práticas 150
As Besteiras do Linguajar Corporativo 156
Seja o Primeiro a Chegar e o Último a Sair 160
O Assunto Técnico é Pura Consequência 164
Crie um Diferencial. Inove! 168
Seja Autêntico até nas Imitações 172
Haja Sempre Como um Líder 176
Professor ouve, aprende e ensina! 180
Seja Disponível 184
Fatores-chave de Sucesso 188
Não Pense no Fusca Branco 192
Como Motivar Pessoas? 196
Nada de Currículo ou Apresentações 200
Conte Histórias 204
O Que Você Jamais Deve Dizer? 208
Vem Comigo? 212

Introdução

Falar em público. Este é com certeza um dos principais medos do ser humano. Medo não. Pavor! Esta é a palavra mais adequada para muitas pessoas que possuem extremo receio de se expor diante dos outros. Por que isso acontece? Será que fomos repelidos de falar quando crianças? Será que fomos criticados pela forma como nos apresentávamos? Será que algumas más experiências anteriores me colocaram em posições de constrangimento tão grande que eu não sou capaz hoje de enfrentar sequer o meu chefe, ou conduzir uma simples reunião?

O livro ***Gerando Eco*** tem por objetivo discutir ideias, técnicas, ferramentas e experiências comprovadas nos últimos anos, as quais buscam minimizar as dificuldades de executivos, presidentes, gestores, coordenadores, supervisores, enfim, líderes corporativos que precisam comunicar-se com eficiência, de maneira simples, objetiva, rápida e direta.

No conceito apresentado aqui neste livro, Didática Corporativa é a necessidade do gestor moderno. É mais do que necessidade para o líder corporativo. É ferramenta básica e essencial para gestores que precisam conduzir equipes usando métodos adequados de comunicação, bem como palestrantes, consultores e profissionais que atuam na área de educação corporativa, professores e educadores que buscam inovação na sua forma de ensino, vendedores em busca de melhores resultados, profissionais em busca de atendimento de excelência perante seus clientes. Enfim, profissionais que ocupam ou almejam posições de destaque no mundo corporativo e que estão em constante comunicação.

Acredito infalivelmente na existência de dúvidas no que tange a melhor forma de "conversar" com pessoas. Dúvidas do tipo: Como instigar pessoas a parar tudo o que estão fazendo para ouvi-lo? Como conquistar seu espectador em poucos minutos? Como reter 100% da atenção de uma plateia? Como dominar a atenção em uma reunião? Qual a abordagem adequada para treinar a sua equipe? Como trabalhar com emoções fortes durante uma palestra? O que fazer para conquistar seguidores? Qual a postura de um verdadeiro comunicador corporativo? Como criar um ambiente favorável e conquistar a confiança do público? Quais as atitudes que trazem resultado no auditório? Como controlar comportamentos e criar sinergia com seus espectadores? Como desenvolver palestras inesquecíveis e assertivas? Quais os verdadeiros segredos da didática corporativa?

Se você é um profissional que necessita estar na frente de pessoas, expondo-se a todo momento, sendo a referência, então VEM COMIGO! Se você busca o seu desenvolvimento pessoal e profissional no disputado mercado global e deseja fazer a diferença quando falar, então VEM COMIGO!

Se você busca ser maior e melhor, não se intimide, busque a motivação necessária, encha-se de otimismo, aja como um entusiasta, leia este livro e VENHA COMIGO!

Por anos, treinando, capacitando, formando, ensinando, educando e conduzindo pessoas, as técnicas e ideias inovadoras que foram testadas funcionaram e foram validadas pelo mercado corporativo estão descritas aqui neste livro, o qual você pode utilizar como seu guia para fazer com que pessoas o sigam! VEM COMIGO? Vamos desvendar os segredos da Didática Corporativa e da ORATÓRIA? Então, vire a página e conquiste também seus seguidores.

Pesquise seu Público

Antes de qualquer coisa, é preciso saber em que palco você irá pisar. É preciso saber para qual público você vai falar. Um princípio importante da boa comunicação está na capacidade de você criar empatia com o seu público. Para tanto, é necessário que você realize uma pesquisa antecipada a respeito dos seus espectadores.

Qual é o seu público? São executivos e empresários de alto nível? Você vai falar para uma plateia de universitários? Você irá conduzir uma reunião de vendas, em que o seu objetivo é ao mesmo tempo motivá-los e desafiá-los para a nova campanha de vendas da empresa? Seja qual for o seu público é preciso adequar a sua linguagem.

Quando você for convidado para realizar uma palestra, conduzir uma reunião, realizar uma aula em um MBA, o seu primeiro foco de atenção é conhecer antecipadamente quem são seus alunos, seus clientes – ou seja, quem irá ouvi-lo.

Conhecendo antecipadamente seu espectador, você é capaz

de preparar uma apresentação focada nas necessidades do seu público e assim realizar uma abordagem com a "cara" do seu cliente. A pior sensação é quando um interlocutor fala algo que não possui relação com a realidade de quem o ouve. Assim, cria-se uma distância entre você e seu público ao invés de você criar uma ponte para acessar os pensamentos de quem o ouve e assim conseguir alcançar os seus objetivos na respectiva aula, palestra ou reunião.

Entendo que aparecer de repente ou chegar de surpresa em uma apresentação é um dos maiores riscos que você pode correr. Não pesquisar e não conhecer de maneira antecipada quem irá ouvi-lo fará com que você cometa erros graves de comunicação, perdendo tempo em apresentar algo que não esteja focado nas necessidades de quem o ouve e, assim, a sua capacitação e conhecimento sobre o assunto em questão são colocados à prova. Por negligenciar um ponto extremamente simples, poderá colocar a perder um belo trabalho que você acreditou estar bem preparado.

Portanto, faça antecipadamente uma pesquisa. Visite sites na internet. Caso seja convidado para realizar uma palestra em uma empresa, procure conhecer o plano estratégico da empresa, pesquise os valores e a filosofia da empresa, seus produtos e serviços, quem são seus clientes. Qual a região de atuação da empresa, como é o seu sistema de produção, como é a sua logística de distribuição. Pesquise o nível de satisfação dos clientes desta empresa, pesquise o que ela representa para o mercado.

Qual nível de expectativa o seu público possui? O que ele espera de você? Como você foi apresentado a ele: "Como a solução dos problemas" ou "como o salvador da pátria"? Será que você vai atendê-lo? Você foi apresentado como um "palestrante show"? Como um "palestrante motivacional"? Cuidado para não ser motivo de gozação. Estas são algumas das questões com que você deve se preocupar antes de iniciar qualquer forma de comunicação com o seu público. Procure saber como a universidade descreveu suas habilidades e currículo. Procure saber – nos corredores – o que antecede a sua palestra ou a sua aula. Quais são os rumores sobre seu nome e do assunto que você irá abordar?

Caso você vá conduzir uma apresentação para os diretores da empresa pela qual você trabalha, pesquise antecipadamente sobre eles. Como eles são? Como pensam? Como reagem? Como tradicionalmente se comportam diante das notícias que você apresentará na reunião? Qual é o formador de opinião que poderá influenciar os demais? Com qual diretor você precisa lidar com mais cautela devido a sua emoção mais forte perante os demais? Qual é o diretor que poderá ficar ao seu lado, lhe prestando apoio nas suas argumentações e agregando valor na sua apresentação? Pesquise! O mesmo vale para você que lidera uma equipe – conheça pessoalmente cada membro da sua equipe e prepare-se!

Prepare-se!

"– Ah... eu já sei bem o assunto."

"– Juntei uns slides e está tudo certo."

"– ... eu conheço os alunos, é só falar o que eu sei!"

"– Fica tranquila, eu faço isso há 20 anos."

"– Pode deixar que dou um jeito de enrolar..."

Estas são algumas das dezenas de afirmações que ouvimos com frequência por profissionais "acostumados" a falar em público. Por excesso de confiança, alguns professores, palestrantes e consultores cometem o erro de negligenciar o conhecimento do seu público e alinhar as expectativas e necessidades dele.

Preparar-se antecipadamente é um exercício constante para quem lida com comunicação no mercado corporativo. Por mais que você saiba um determinado assunto, possui domínio e experiência, jamais deixe de se preparar para uma aula, uma palestra ou uma reunião. Tenha em mãos os principais pontos que você irá abordar.

Escreva um resumo com o objetivo de "ensaiar" o seu discurso. Anote tópicos, faça rascunhos. Deixe "colas" por perto.

Chegue antes do horário. Visite o local antes do dia da palestra, ou no período da tarde, caso sua apresentação aconteça no período noturno, por exemplo. Ande pela sala ou auditório antes da palestra. Faça um reconhecimento detalhado do local. Sinta-se em casa. Sinta o ambiente. Sente-se em alguns lugares diferentes na sala e veja como o seu espectador irá vê-lo. Encontre os pontos cegos na sala, aonde as pessoas terão dificuldade de vê-lo.

Prepare-se para falar com um microfone, teste a sua voz antecipadamente. Prepare-se para falar sem microfone, e teste o poder da sua voz na sala ou no auditório. Teste o som, caso utilize músicas e sons na sua apresentação. Teste a iluminação antecipadamente. Procure saber onde se apagam as luzes. Teste a sua apresentação e intensidade da iluminação do projetor multimídia – verifique se houve alterações nas cores –, ajuste se necessário. Verifique se as canetas para o quadro branco e o *flip chart* estão funcionando adequadamente. Deixe todo o seu material à mão. Teste os vídeos que irá utilizar. Prepare a climatização do ambiente. Um ambiente muito quente poderá gerar incômodos e perda de atenção. Um ambiente muito frio pode também gerar desconforto.

Vem Comigo!
Teste tudo! Prepare-se com antecedência. Faça um *check list*. Tenha todos os recursos em mãos.

Prepare a sua linguagem de comunicação para o seu público. Conforme conversamos no capítulo anterior, conheça seus clientes antecipadamente e prepare uma linguagem ao nível deles. Não fale tão coloquialmente nem tão culto. Seja natural. Fale a língua de quem o ouve. Cuidado com termos técnicos e palavras em outras línguas. Prepare o seu visual de modo a não se destacar dos demais, vista-se como seu público. Um terno onde todos estão usando jeans não é adequado – vamos tratar deste assunto em um capítulo mais à frente.

Usar termos técnicos no seu vocabulário nem sempre é bem-vindo. Com o objetivo de impressionar o seu espectador, você se prepara para desenvolver uma palestra ou uma abordagem repleta de palavras desconhecidas pelo público, ou ainda, pode acontecer exatamente o inverso – você é pego de surpresa e os seus espectadores conhecem mais do assunto que você, e as palavras difíceis que usou serão motivo de chacota pelo seu público.

Estude a nova ortografia do português brasileiro. Quem está na frente de um público deve possuir um português próximo do 100% correto. Sabemos que a nossa língua não é das mais fáceis, porém, não são permitidos erros de pronúncia e muito menos de escrita. Estude! Leia e se prepare.

Prepara-se para o melhor. Para o melhor desempenho possível. Dê o máximo de si. Busque a superação em cada trabalho. Encare cada reunião, apresentação ou palestra como sendo a melhor que já realizou, porém, pior que a próxima que fará.

Prepare-se também para o pior. Tenha contingências. Conheço amigos palestrantes de grandes eventos e convenções que trabalham presos às suas apresentações de computador. Uma pane no computador do auditório, ou um notebook que pare de funcionar, ou ainda uma lâmpada queimada no projetor multimídia fez com que estes meus amigos terminassem a sua palestra por ali. Ou seja, eram dependentes dos seus equipamentos.

Prepare-se para continuar a sua palestra com a mesma qualidade técnica caso você tenha algum problema nos equipamentos de apresentação. Crie sempre um plano de contingência. Tenha sempre um "plano b", uma "carta na manga", caso contrário você será pego de surpresa e poderá não estar preparado para tal fato. Leve sua apresentação em um pen drive, leve seu notebook por segurança. Imprima os slides.

Prepare-se para perguntas. Tente imaginar todas as perguntas possíveis e dúvidas que seu espectador terá com a sua palestra. Converse com algumas pessoas sobre o tema antes da palestra. Verifique quais são as suas dúvidas e as perguntas que elas fazem. Teste com seus colegas do trabalho. Teste com pessoas de confiança. Prepare-se para responder a todo e qualquer tipo de pergunta que possa aparecer durante uma aula ou apresentação. Estude! Fale somente de um assunto em que você possui profundo conhecimento. Não se submeta a apresentar ou discorrer sobre algo em que você não possui segurança, conhecimento e maturidade intelectual suficiente – não se exponha ao ridículo.

> **Vem Comigo!**
> Prepare-se demasiadamente. O excesso não lhe fará mal. Poderá salvá-lo!

Prepare o tempo da sua apresentação. Controle o ritmo da sua voz e a condução dos assuntos que irá abordar. Teste com antecedência o tempo que irá precisar para a apresentação. Você jamais deve exceder o tempo combinado e muito menos terminar antes do tempo – pode dar a noção de um trabalho inacabado e sem fundamentos.

No caso de reuniões com sua equipe, com pares da gerência da empresa, com um fornecedor para uma negociação ou com a sua diretoria, você deve preparar antecipadamente o local da sua reunião. Cheque antecipadamente a sua apresentação, bem como os materiais impressos que serão entregues. Verifique a necessidade de entregá-los todos ao mesmo tempo no início da reunião, posicionando no local de cada participante da reunião, ou entregar os materiais e documentos no momento necessário – chamando para uma atenção especial. Prepare estrategicamente os lugares onde ficarão os espectadores e participantes da reunião, bem como a sua localização. Caso faça uma apresentação em uma sala pequena, onde todos estarão sentados ao redor de uma mesa retangular, você deve estar sempre de pé, chamando atenção para você. Caso não vá fazer uma apresentação, mas irá conduzir a reunião, então posicione-se sentado na ponta da mesa, onde todos possam vê-lo e ali você terá o comando da reunião.

Por fim, prepare-se para mudanças. Pode ser necessária uma mudança bem no meio do caminho, ou seja, durante a sua apresentação ou reunião, você percebe que cometeu algum equívoco, um erro técnico ou ainda uma necessidade de mudar a sua linha de argumentação ou as estratégias.

Tenha sempre em mãos um *check list* o qual você faz antes de sair de casa ou do escritório. Cheque antecipadamente todos os pontos e se possível mais de uma vez. O excesso não o irá atrapalhar. A falta de alguma coisa ou uma pequena negligência poderá ser o fim do seu sucesso.

Recepcione o Seu Público

Alguns palestrantes usam como técnica uma aparição de surpresa. Ou seja, ficam ocultos ou escondidos até que seja anunciado o seu nome e seu belo currículo, aparecendo assim do fundo do auditório ou vindo de trás das cortinas. Tal técnica tem por objetivo chamar toda a atenção para a entrada do palestrante. O objetivo é fazer com que aquele momento especial do show seja percebido pelo público.

Não acredito mais neste método. Pode soar arrogante, presunçoso ou demasiadamente teatral. Tal abordagem ainda realizada por muitos profissionais cria uma barreira gigantesca entre o espectador e seu interlocutor. Acredito e defendo aqui exatamente o contrário.

Acredito que o seu público deve conhecê-lo o mais intimamente possível. O público deve apertar a sua mão ao chegar e não vê-lo distante, de cima, em um púlpito, intocável. Acredito que você deve ser e estar acessível a todo tempo. Ao contrário do que muitos palestrantes acreditam, a inacessibilidade faz engrandecer o "ser" palestrante. Definitivamente não acredito nisso!

Recepcione o seu público. Chegue com antecedência e coloque-se em um local próximo da entrada, logo após a porta, na recepção ou na entrada do auditório. Ali, posicionado com um belo e sincero sorriso no rosto, você irá cumprimentar todos que entrarem no ambiente.

Converse com algumas pessoas – puxe assunto, pergunte como elas estão. Colha expectativas, crie o seu ambiente – crie empatia mesmo antes de iniciar a sua aula ou palestra.

Vem Comigo!
Aproxime-se do seu público mesmo antes que esteja sentado para ouvi-lo.

Caso conheça alguma pessoa, inicie uma conversa rápida, apresente quem chegou e coloque as pessoas em contato. Ofereça lugares para se sentarem. Dê as boas-vindas, diga que você sente-se muito feliz com a presença deles. Deixe-os à vontade. Como se estivessem chegando a um local conhecido. Torne o local agradável e seu! Seja o anfitrião.

Não apareça de surpresa, assim, quando for iniciar a palestra, grande parte do público já o conhece e você cumprimentou e apertou a mão da grande maioria. Este é um ótimo momento para você se acalmar caso esteja preocupado, tenso ou nervoso. A aproximação com o público antes de iniciar o seu discurso deixará você muito mais à vontade e integrado com os seus espectadores.

Tal atitude o torna uma pessoa simples, acessível e admirada. Alguns podem até pensar: "... meu Deus, ele até parece uma pessoa normal?!" E é. E assim deve ser, pois cria um poder de empatia maior do que você imagina.

Enquanto você recepciona o seu público, caso vá realizar uma apresentação, esta já deve estar na tela. Caso tenha um material que irá colaborar para o conteúdo da sua palestra – um folder, um panfleto, um resumo, algumas planilhas -, já deve estar nas cadeiras ou entregue pelas recepcionistas do evento – assim o público já toma conhecimento do que você irá abordar, alinhando as expectativas.

O ambiente deve estar com uma iluminação adequada e já preparada para a luminosidade com que você irá trabalhar. Por fim, é importante que o ambiente tenha um clima, ou seja, deve haver uma música tocando de fundo – que tenha relação com o evento ou a palestra. Algo que contribua para criar o ambiente e receber o seu público. A música só será cortada no momento em que você for iniciar o seu discurso – o que sutilmente irá chamar a atenção para você.

A Abordagem Inicial

Ao se posicionar em frente ao seu público, é necessário que a música de fundo seja encerrada. Como o som ambiente irá mudar, todos automaticamente irão olhar para você, que já está posicionado. Faça seu cumprimento formal, desejando uma boa-noite, boa-tarde ou bom-dia. É importante emoção e entusiasmo logo na sua primeira fala – pois ela mostrará para seu público o ritmo e o clima da sua abordagem. Jamais fale de você e de seu currículo neste momento – pode soar arrogante! Na abordagem inicial pode ter certeza que o público não está muito interessado no seu currículo e sim no que você irá agregar.

Neste momento, se você ainda estiver nervoso, cuidado com o posicionamento de suas mãos e pés. As mãos devem estar soltas e se necessário uma posicionada sobre a outra – jamais no bolso. As palmas das mãos devem estar voltadas para cima, pois é um sinal de receptividade. As pernas devem estar entreabertas, demonstrando uma posição de segurança.

Os primeiros cinco minutos irão determinar o que o público pensa e julga sobre você. Este é um dos principais pontos de atenção ao iniciar um discurso, uma palestra ou apresentação em uma reunião. Nos primeiros momentos em que você começar a falar, as pessoas irão fazer uma análise de você. Estarão olhando para seu jeito, suas roupas, sua aparência, seus gestos, sua voz, seu cabelo, enfim, tudo. Infelizmente as pessoas reparam em detalhes que não deveriam, pois a atenção delas deveria estar focada no que você está falando ou apresentando.

> **Vem Comigo!**
> O segredo da abordagem inicial está nas perguntas abertas que você irá realizar.

Digo que nos primeiros minutos da apresentação o seu espectador ainda não está ouvindo o que você está falando, portanto, é preciso adotar novas técnicas que farão com que seu público fique com você 100%!

O segredo da abordagem inicial está nas perguntas. Você deve preparar uma abordagem pautada em perguntas abertas para seu público. Os seus primeiros *slides*, caso vá trabalhar com uma apresentação no telão, devem conter figuras e perguntas que irão direcionar o início da sua apresentação – induzindo ao ambiente informal e descontraído de perguntas que você fará.

Quando inicia a sua abordagem realizando perguntas, irá reter a atenção de todos. Você deverá direcionar o seu olhar para algumas pessoas que de acordo com a sua percepção acredita que pode lhe responder – se você fez um belo trabalho de apresentação e recepção ao seu público, conforme dito no capítulo anterior, provavelmente terá grandes aliados na sua mão em meio à plateia.

Com base nas suas perguntas, você é capaz em poucos minutos de chamar a atenção do seu público, criar desde o início um ambiente descontraído e ao mesmo tempo conhecer as expectativas com relação ao tema que irá abordar. Neste momento, o público percebe inconscientemente a sua preocupação em ouvi-lo, bem como o seu formato mais informal de trabalhar no ambiente do auditório. Este é um dos grandes segredos da didática corporativa. Jamais comece a falar sem antes fazer perguntas e sentir em que ambiente você está.

> **Vem Comigo!**
> Com base nas suas perguntas, você é capaz em poucos minutos de chamar a atenção do seu público.

A partir deste momento, tenho plena certeza que você conquistou a atenção de todos – ou pelo menos da grande maioria - e os detalhes irrelevantes de observação e julgamentos do seu público nas primeiras percepções foram perdidos ou até esquecidos, pois você se mostrou atencioso e diferente dos palestrantes medíocres.

É exatamente neste momento em que você se apresenta. Ou seja, já se passaram alguns minutos, alguns *slides* já foram apresentados e este é o momento adequado para você se apresentar, dizendo o seu nome, de onde você é e qual o seu objetivo (obviamente respondendo às expectativas que você acabou de perguntar). Garanto que você não terá espectador piscando ou dormindo, pois estarão ligados com você nas respostas e resultados que você tem com relação às expectativas que eles lhe contaram na sua abordagem inicial.

Assim, sutilmente você entra no assunto principal da sua aula, reunião ou palestra, conduzindo com mestria o seu discurso. Esta fase sutil das perguntas, da sua apresentação para o conteúdo em si, passará despercebida pelas pessoas, fazendo com que sua palestra tome um ritmo dinâmico e diferenciado.

Somente no final da palestra é que você pode dar mais detalhes a respeito do seu trabalho e apresentar seu breve currículo – se isso for realmente importante para você. Faça seu comercial só no final e não leve mais do que três minutos!

Crie o Seu Próprio Ambiente

Acredito infalivelmente na informalidade coerente quando se trata de buscar sinergia perante a sua equipe, seus alunos, seus subordinados, seus superiores e seus pares. A inovação para a didática tradicional está na abordagem de uma linguagem extremamente simples, direta e objetiva, onde se fala diretamente o que tem que ser dito e o seu espectador não finge entender nem ao menos fica buscando interpretar o que foi dito. A comunicação flui!

Quando estamos diante de pessoas para as quais temos objetivos de ensinar, orientar, conduzir, treinar ou capacitar, precisamos encontrar formas de reter a sua atenção para posteriormente trazer as informações que precisamos. Assim, faz-se necessário criarmos um ambiente seguro para que estas pessoas sintam-se abertas e atentas. O próprio meio corporativo muitas vezes nos gera um ambiente estressante e caótico, pois o foco é sempre a conquista de resultados cada vez mais audaciosos. As empresas não existem para fazer caridade e sim para gerar lucro. E, neste contexto econômico e de competição acirrada, muitas vezes criamos ambientes tensos, onde o prazo é sempre apertado, as metas inalcançáveis, os relacionamentos desgastados e assim qualquer tentativa de orientação soa como crítica.

Obviamente é difícil trabalhar em um ambiente onde as emoções estão alteradas, pois a forma como as pessoas irão receber as informações será prejudicada. Neste contexto, você pode adotar duas opções: a primeira é trabalhar nesse ambiente e a segunda é criar o seu próprio ambiente.

O segredo da didática corporativa está na criação de um ambiente seguro e favorável em que você realize a sua reunião com maiores chances de resultados, bem como um treinamento ou uma palestra com eficiência e eficácia. Assim, é necessário que você conheça alguns segredos para dominar as emoções fortes, acalmar as ansiedades, trazendo o seu espectador para o seu nível de tranquilidade e serenidade e não navegando na direção contrária. Traremos em breve um capítulo dedicado ao controle de pessoas com emoções fortes.

É neste momento que você deve criar um ambiente diferenciado. O clima da sala, a temperatura do auditório deve obrigatoriamente estar diferente do local de trabalho onde a pessoa se encontrava. Uma música ao fundo – conforme já comentado em um capítulo anterior. São pequenos fatores que irão auxiliar você na mudança de *status* comportamental dessas pessoas, buscando trazê-las para um ambiente calmo, seguro e praticamente blindado – isolado do caos corporativo. Os aparelhos celulares devem ser desligados ou colocados em modo silencioso, para que nenhuma música inoportuna mude o clima e o decorrer da sua apresentação.

Vem Comigo!
O segredo da didática corporativa está na criação de um ambiente seguro e favorável.

Você precisa criar um ambiente seguro demonstrando segurança. Seu espectador deve ver em você uma pessoa segura nas suas argumentações, sua fala, seu tom de voz e postura corporal. Algumas técnicas podem ser utilizadas aqui para você criar este ambiente. Após alguns minutos de fala, seja em reunião, treinamento ou palestra, você deve tirar o blazer ou paletó (caso esteja vestindo), mostrando-se alguém mais acessível e mais informal. Outra técnica é arregaçar as mangas da sua camisa, enquanto fala, dobrando-a lentamente para que seu público veja o que você está fazendo. Por fim, encoste-se em um púlpito ou na beira de uma mesa.

Tais exemplos demonstram total segurança no que você está falando. O seu espectador começa a perceber que você está se sentindo à vontade, e esta sensação é inconscientemente passada aos demais.

Você Lida com Pessoas

Um dos grandes segredos da didática corporativa está ligado à maneira pela qual entendemos de pessoas. Precisamos entender como as pessoas pensam, como reagem a cada situação e como recebem a informação transmitida. Negligenciar o ser humano espectador como um ser dotado de emoções e sentimentos é um risco enorme que não podemos correr quando o nosso objetivo é buscar a excelência na comunicação corporativa em nossas palestras, reuniões ou treinamentos para equipes. Na sua essência, o livro trata deste assunto o tempo todo, porém, vamos iniciar algumas considerações importantes aqui neste capítulo.

A princípio, algumas perguntas devem ser feitas para que você possa preparar suas estratégias para conduzir o seu trabalho. Como as pessoas aprendem? Apenas ouvindo ou testando algo na prática? Como as pessoas reagem a determinadas situações ou informações recebidas? Seu humor é alterado de acordo com o que você fala ou apresenta? Suas emoções mantêm-se as mesmas do início ao fim de uma reunião ou uma aula? Será que o estado emocional das pessoas afeta o seu aprendizado?

É preciso entender que seus clientes, seus colaboradores, seus alunos, seus diretores e seus espectadores são seres humanos comuns como você, dotados de emoções. Lidar com pessoas é difícil. Ou melhor, extremamente difícil. Pois cada um pensa de uma forma, reage de uma forma e possui controles emocionais de felicidade, raiva, medo e tristeza de formas diferentes. Quanto mais eu lido com uma pessoa em específico eu aprendo a me relacionar melhor com ela, sabendo a forma de falar, sabendo a forma de conduzir e de colocar ideias. Porém, estas pessoas recebem informações e experiências externas ao ambiente corporativo todos os dias, fazendo com que as suas atitudes e comportamentos possam variar dia após dia, dificultando assim o meu processo de comunicação com elas.

Vem Comigo!
Precisamos entender como as pessoas pensam e reagem a cada situação e como recebem a informação transmitida.

Essas pessoas possuem problemas particulares, os quais trazem de casa ou de outros ambientes que frequentam. Definitivamente eu acredito que não é possível as pessoas separarem os problemas de casa dos problemas da empresa. "É preciso deixar os problemas de casa em casa e não trazer para a empresa. Não levem problemas da empresa para sua casa..." Não é tão simples assim lidarmos com nossas emoções e separarmos 100% os nossos problemas e desafios a todo momento. Não existe um botão ou interruptor aqui nas minhas costas, onde eu "ligo" o Marco Meda que irá atuar como empresário – esquecendo 100% dos problemas externos - e mais tarde "desligo" este e "ligo" o Marco Meda que irá atuar em casa – deixando os problemas corporativos de lado.

Somos um só. Um ser completo, no qual carregamos todas as cargas emocionais que passamos durante o dia. Vamos enchendo o nosso bolso de alegrias, tristezas, raivas e medos. Durante o tempo todo. O segredo está então na forma como lidamos com estas emoções. Que comportamentos e atitudes geramos ao lidar com tais emoções e como estas afetam as demais durante o nosso dia a dia. Entendendo como você reage, poderá começar a entender como as pessoas reagem também. É preciso lembrar que lidamos com pessoas que possuem características próximas as nossas. Possuem emoções, problemas, limites e valores.

Vem Comigo!
Não é possível separar problemas pessoais dos problemas corporativos. Somos um só! Um ser completo dotado de emoções.

Quando eu falo para um público, conduzo uma equipe, direciono profissionais em uma reunião, eu preciso colocar-me no lugar destas pessoas. Por que estão tão resistentes diante do que estou falando? Será que estou afetando os seus valores pessoais? Será que possuem crenças que limitam a sua aceitação? São paradigmas? São realmente problemas? Preciso respeitar o limite das pessoas! Preciso respeitar seus valores e crenças pessoais – pois a mudança pode ser algo extremamente complexo para algumas pessoas. Quando crianças, crescemos aprendendo certas crenças que vieram dos nossos pais e avós, que estes receberam de seus pais e avós também, e aquelas crenças viraram leis irrefutáveis em nossas mentes.

Por diversas vezes, julgamos as pessoas com as quais nós trabalhamos. Acreditamos que estas possuem dificuldades de aprendizado, ou porque são pessoas difíceis - que não concordam com nada, ou que são complexas por natureza. Podem ser! Contudo, mais importante que isso é você enxergar estes valores e comportamentos pessoais e trabalhar com eles. É preciso que você tenha ferramentas e técnicas para "ler" as pessoas e saber os caminhos ou as lacunas para buscar uma comunicação eficiente. É preciso entender a mente humana. É preciso paciência e sabedoria para entender o outro. É uma evolução natural em que dia após dia você encontra maneiras para lidar com pessoas diferentes, complexas, difíceis e humanas. Vem comigo? Capítulo após capítulo vamos trabalhar neste livro cada um dos pontos apresentados aqui.

Traga-os para Você

Um dos grandes desafios do comunicador corporativo está na capacidade de reter 100% da atenção do espectador. É extremamente comum um palestrante apresentando seus *slides* e ao mesmo tempo pessoas conversando, consultando mensagens no celular, levantando-se para ir ao banheiro, cochilando ou simplesmente olhando para o palestrante – porém os pensamentos estão a quilômetros de distância dali.

É extremamente comum em uma reunião as pessoas atenderem seus celulares enquanto você fala, ou receber um recado da secretária na porta ou ainda simplesmente se levantarem para atender alguém ou fazer algo que parece ser mais importante naquele momento. Em sala de aula, o professor possui um grande desafio, o qual é conseguir fazer com que seus alunos permaneçam sentados durante toda a sua aula, atentos a seus ensinamentos e fundamentos.

Em um treinamento, pode acontecer que alguns participantes mais eufóricos ou mais falantes atrapalhem o andamento da aula, uma vez que gostam de participar mais do que os demais, falando mais que o necessário, questionando várias vezes, chegando em alguns casos a incomodar os demais participantes presentes. Existe ainda aquele tipo de público hostil, de difícil conquista, o qual leva certo tempo para ter confiança no palestrante.

Vem Comigo!
Quando digo "vem comigo?!" estou chamando a atenção de toda a plateia, de maneira que me acompanhem e fiquem ligados em mim.

Existem momentos especiais na sua aula, nos quais você precisa chamar ainda mais a atenção da plateia, ou ainda momentos em que você precisou parar uma linha de raciocínio ou argumentação por conta de sanar uma dúvida ou responder uma pergunta feita por um aluno. Nestes momentos e em todos os demais citados acima, você precisa de técnicas e estratégias pessoais para chamar a atenção do seu público.

Tais comportamentos citados anteriormente são extremamente comuns, e você precisa buscar formas de trazer estas pessoas para você. Este é um dos principais fundamentos da Didática Corporativa. Quando digo "Vem Comigo?!" estou chamando a atenção de toda a plateia, de maneira que me acompanhem e fiquem ligados no que estou dizendo. Esta técnica chama o seu espectador, de maneira que ele pare tudo o que está fazendo para acompanhá-lo. Você deve literalmente buscar o seu espectador, caminhando até ele e, com gestos e entusiasmo na voz, busca e traz o seu espectador.

Desta forma, por exemplo, é possível detectar um aluno disperso na plateia, e chamá-lo sutilmente, bem como conduzir toda a plateia a olhar o telão ou outro local que você deseja no auditório. Tal técnica garante uma dinâmica na sua aula ou palestra, de maneira que os traga para você!

Abaixo detalho os principais momentos em que você deve usar as suas mãos, em um gesto de convidar o seu espectador a vir com você:

• Quando você precisa chamar a atenção para um momento ou assunto especial

• Quando é preciso chamar a atenção de um espectador específico

• No momento em que é preciso reter uma maior atenção de todos da plateia

• Após uma pergunta respondida por você, quando precisa retomar o assunto

• Após um momento de dispersão causado por um espectador que chamou a atenção para si

• Quando você perceber que alguns se dispersaram acompanhando com o olhar uma pessoa que se levantou na plateia, ou uma pessoa que chegou e abriu a porta

• Para criar empatia com um público hostil

• Para acordar um espectador em especial (não o exponha – faça isso sutilmente na direção a qual ele se encontra)

• Para acalmar emoções fortes de espectadores falantes ou que desejam "aparecer"

Trabalhe as Emoções Fortes

Como citamos em capítulos anteriores, lidar com pessoas não é fácil, pois as pessoas são diferentes e dotadas de emoções. Algumas pessoas são mais fáceis de lidar do que outras. Existem pessoas na sua equipe, na sua sala de aula, no auditório ou na equipe de treinamento que são mais difíceis de lidar, com emoções fortes e de temperamento mais complexo.

Você já ouviu falar da "laranja podre do saco"? Faremos uma analogia. A laranja podre é aquela pessoa - de emoção forte - que você vai precisar dedicar total atenção a ela na reunião, na sala de aula ou no auditório. Ela é capaz de influenciar outras pessoas na plateia. Com uma simples pergunta, ou questionamento, pelo seu poder de convicção ou convencimento, esta pessoa pode mudar o nível de compreensão das demais, mudando o nível emocional dos participantes, colocando a perder um trabalho de empatia e ambientação que você criou. É preciso total atenção às pessoas de emoções fortes, pois o seu poder de influência pode prejudicar, atrapalhar ou colocar toda a sua aula ou reunião a perder.

O segredo da didática corporativa está na sua capacidade de detectar quem são estas pessoas, onde elas se localizam na plateia e trabalhar rapidamente para que elas o ajudem e não o atrapalhem. Uma vez que estas têm o poder da convicção e de influência sobre outras pessoas, logo, você jamais deve ir contra elas. Como na arte da guerra, você deverá utilizá-la a seu favor – caso contrário a sua morte será certa.

> **Vem Comigo!**
> O segredo da didática corporativa está na capacidade de encontrar e trabalhar as emoções fortes.

Alguns palestrantes acham que basta isolar este indivíduo ou expor esta pessoa de maneira que ela se sinta mal, acreditando que ela não irá atrapalhá-los. Outros acreditam que o ideal é bater de frente, discutindo de maneira a impor a sua posição de interlocutor e defender ferozmente a sua opinião. Eu não acredito que estas sejam boas estratégias. Afinal de contas, esta pessoa também merece o seu respeito e atenção. Assim, acredito que o melhor caminho é você usar palavras positivas com relação ao que esta pessoa disse, de maneira a concordar com ela no primeiro momento, e assim assumir novamente a palavra e conduzir a sua fala para os objetivos que deseja, usando os argumentos corretos. Valorizar esta pessoa em público ou elogiá-la fará com que ela se sinta importante e demonstre que de certa forma você é favorável ao que ela está falando e valorizando a sua opinião. Ela pensará duas vezes se irá contra você ou a favor. Você conquistará um aliado. O seu risco diminui e você não fará inimigos.

Olhe nos Olhos

Existem pessoas que possuem verdadeiro pavor de falar em público. Com o passar do tempo desenvolvem técnicas para superar o medo e conseguir fazer seu trabalho com mestria. Baseadas em técnicas ultrapassadas, alguns palestrantes desenvolvem o vício de falar olhando para o horizonte. Como técnica de vencer o receio do trabalho de exposição que estes profissionais enfrentam, foram orientados no passado a olhar em um ponto fixo no fundo do auditório fazendo com que se sentissem menos ameaçados.

Não acredito nesta técnica, pois faz com que você fixe o olhar em qualquer lugar no auditório, porém, menos no lugar mais importante – que são os olhos dos seus espectadores. Quando você foca o olhar nos olhos de quem o ouve, inspira confiança e segurança, pois o fato de encarar as pessoas garante que sabe o que está falando e se importando com cada um – é a percepção que o seu público tem de você!

Outro erro clássico cometido por muitos professores e instrutores é olhar para alguns pontos da sala, focando os olhos para apenas algumas pessoas ou para um canto específico. Por algum motivo que por anos estudamos, mas não chegamos a nenhuma conclusão a respeito, muitos interlocutores acostumam-se com um determinado local no auditório e dali não conseguem sair. Focam sua atenção em uma pequena parte da plateia, ignorando por completo o restante do auditório.

Vem Comigo!
Faça seu show, mas jamais se esqueça das pessoas. Olhe-as nos olhos. Inspire-as com o seu olhar de entusiasta.

Esta péssima atitude negligencia parte do seu público, fazendo com que ele perca o interesse pelo que você está falando ou apresentando. Portanto, é preciso que você tenha uma visão geral do local, e procure dividir o seu foco de visão por todo o ambiente. Foque na frente, encontre pessoas na lateral esquerda, olhe para o fundo, foque na lateral direita, dê um passo para trás, veja o todo, volte a focar na frente e assim por diante, olhando individualmente nos olhos de todos os presentes no seu auditório. É extremamente importante olhar nos olhos, pois assim você é capaz de "ler" individualmente o rosto de cada espectador, buscando interpretar as suas reações e obviamente adequar ou reforçar a sua linguagem.

Alguns interlocutores olham acima da cabeça das pessoas, dando uma impressão de arrogância. Outros, enquanto falam, analisam detalhes como roupas, cabelo, e o corpo em geral. Além de parecer deselegante e invasivo, você faz com que a outra pessoa perca a atenção a respeito do que você fala, pois preocupa-se com o que você está olhando, observando ou analisando nela.

Quando você olha nos olhos, enxerga os detalhes das reações que está provocando nas pessoas estão ouvindo você. Logo, é extremamente importante que você esteja atento aos detalhes, de maneira a reforçar um assunto, ou falar de uma maneira diferente, focado em um canto do auditório, no qual está sentada uma das pessoas que lhe emitiu um pequeno e sutil sinal através de seu rosto, demonstrando uma dúvida com relação ao que você falou, ou demonstrando uma indignação, nervosismo, ansiedade, tranquilidade, hostilidade ou concordância.

É preciso "ler" as emoções e reações que você gera, para que possa caminhar pelo auditório atendendo as necessidades individuais e conseguindo obter resultado no todo. Jamais fique parado! Jamais fale atrás de um púlpito. Seja dinâmico, movimente-se. Sem exageros, mas movimente-se sempre. Faça que seu corpo apresente a dinâmica que você deseja impor na sua aula ou palestra. Faça seu show, mas jamais se esqueça das pessoas – olhe-as nos olhos! Inspire-as com seu olhar de entusiasta.

Chame pelo Nome

Continuando a tratar dos segredos da didática corporativa, é imprescindível que você chame as pessoas pelo nome. Segundo Dale Carnegie – grande escritor e orador americano -, o nome da pessoa é o som mais doce e suave que ela pode ouvir.

Quando estou falando para uma plateia e me refiro individualmente a uma pessoa, chamando-a pelo seu nome, crio assim uma ligação extremamente forte entre o interlocutor e esta pessoa propriamente dita. A sensação para esta pessoa é que se está falando exclusivamente para ela. Este diferencial pode ser o seu grande sucesso como palestrante, professor, instrutor ou facilitador.

Entendo que em um auditório repleto, com dezenas de pessoas, é praticamente impossível você saber o nome de todas as que lhe assistem. A não ser que esteja em um ambiente familiar, na sua empresa, e conheça pessoalmente cada membro da sua equipe. Caso contrário, é preciso que você conheça algumas pessoas, e durante a sua aula, palestra ou explanação você deve chamá-las pelo nome. Este link gera para os demais uma sensação de que você está em um

> **Vem Comigo!**
> Seja extremamente pessoal. Valorize nas pessoas o que você mais valoriza – o seu nome.

ambiente familiar, onde conhece algumas pessoas, fazendo com que o seu público sinta-se mais confortável e seguro com você, tornando a sua aula ou palestra mais dinâmica.

Caso você esteja em um ambiente novo, a técnica é usar o momento da recepção, conforme apresentado no início do livro, para que você se apresente pessoalmente, cumprimente pessoas e obviamente pergunte o nome delas. Olhe nos olhos destas pessoas ao cumprimentá-las. Converse com elas e guarde alguns fatos que conversou, relacione a fisionomia da pessoa e guarde o seu nome, para que você possa usar posteriormente. Anote em um pequeno rascunho e guarde no bolso – para usar, se necessário.

Se você vai conduzir uma reunião ou falar para um pequeno grupo de pessoas, seja em uma reunião de negociação com fornecedores, uma apresentação para seus diretores ou algo do tipo, é preciso que chame todos pelo nome. Digo todos mesmo! Apresente-se para as pessoas que você não conhece e guarde os seus nomes. Anote em um rascunho, tenha-o por perto. Aprenda a pronúncia do nome da pessoa – pois errar a forma de pronunciar o nome de alguém é um erro grave na comunicação corporativa. Errar o nome de uma pessoa é pior ainda, pode soar muito mal. Portanto, crie suas próprias técnicas para guardar nomes.

Uma técnica que utilizo para guardar nomes de pessoas é no momento da apresentação, nos primeiros segundos ou minutos de conversa, enquanto se apresenta, apertar a mão da pessoa e iniciar uma conversa, e deve incluir no meio das suas frases o nome da pessoa, várias vezes, olhando para ela. A repetição do seu nome nos primeiros minutos da conversa, focando na sua fisionomia, fará com que você grave o seu nome. A prática trará a perfeição. Cuidado com o excesso da repetição!

Um dos grandes aliados neste processo é o crachá. Obviamente ele não está ali por qualquer motivo, e sim pelo fato de apoiá-lo na identificação daquela pessoa. Outro grande aliado é o cartão de visitas. Quando alguém lhe entregar um cartão, não faça como muitos profissionais que nem olham para ele e já o colocam no bolso. Receba o cartão da pessoa e dê o valor devido. Olhe com atenção, leia o nome em voz alta e olhe para o rosto da pessoa, fazendo com que você grave o nome e a sua fisionomia. Caso erre na pronúncia do nome, este é o único momento perdoável, pois a pessoa irá corrigi-lo ali mesmo.

Quando encontrar seus pares nos corredores da empresa, quando visitar alguma unidade da empresa, encontrar seu cliente, encontrar seus fornecedores fora do ambiente corporativo e principalmente quando for lidar com a sua equipe, por favor, chame todos pelo nome. Seja extremamente pessoal! Valorize nas pessoas o que você mais valoriza – o seu nome!

Posicione-se e Movimente-se

A presença de palco é um tema muito estudado por artistas. Aqui no nosso cenário corporativo ele é tão importante como em um show. Onde você deve se localizar perante a sua plateia? Parado? Ou em constante movimento? Será que posso fazer uma palestra ou dar uma aula sentado? Atrás de um púlpito ou local fixo com um microfone é um bom local?

Acredito que todo interlocutor que fale parado causa sono. A dinâmica de uma aula ou palestra é mais do que 50% percebida pela forma como o profissional se movimenta. Um treinador parado dá noção clara de uma aula parada, sem dinamismo e sem movimento. Uma palestra, uma aula ou uma reunião conduzida por você deve deixar uma marca, deve deixar uma lembrança forte e de resultado. Em um mercado dinâmico, flexível e em constante mudança, o que você acha que as empresas esperam? Que você realize apresentações monótonas, sem velocidade e sem emoção?

Com o mesmo dinamismo que negócios acontecem no mercado, você deve trabalhar diante da sua plateia. Quando sou convidado para assistir uma aula, fazer parte de um programa de treina-

Vem Comigo!
Traga o dinamismo do mercado para o seu auditório.

mento ou assistir uma palestra, espero que – além do conhecimento técnico – o interlocutor nos encante com o seu carisma, com seu entusiasmo, nos prendendo a atenção com a sua forma dinâmica, descontraída e objetiva. Assim deve ser o comunicar corporativo! Com a cara do mercado. Rápido, direto, conciso, objetivo, focado em metas e resultados, em busca de criar um ambiente que interaja a todo momento com o seu público, buscando discutir propostas e soluções. É o profissional que conhece os segredos da didática corporativa, que é capaz de motivar sua equipe a alcançar resultados cada vez mais audaciosos, que é capaz de deixar alunos apaixonados pelo assunto ou tema em questão, que é capaz de ser lembrado meses ou anos depois de uma palestra feita!

Portanto, atenção aos segredos que proponho para você:

1. Mude o seu tom de voz constantemente. Eleve a voz quando desejar enfatizar uma palavra. Fique mudo por dois ou três segundos olhando a reação da plateia. Abaixe o tom da voz quando desejar chamar atenção para algo especial. Jamais trabalhe em um tom constante!

2. Ande, movimente-se! Não corra, não exagere, mas acredite: jamais fique parado! Mostre movimento, mostre dinâmica, seja o movimento, seja a dinâmica no auditório. Preencha todos os espaços possíveis em frente do seu público. Faça com que todos, digo todos, o vejam. Ande para que todos vejam você. Pare! Em determinados momentos, pare, abra sutilmente as pernas – demonstrando segurança -, fale e volte a se movimentar.

3. Jamais dê as costas para sua plateia. Naquele momento, você é o foco e o centro das atenções, porém, sua plateia é a garantia do seu sucesso. Dê a atenção que estão lhe oferecendo. Não ande para o fundo da sala, caminhando lentamente pelo corredor como um ser arrogante, enquanto fala. Jamais fale olhando para as suas unhas, ou retirando alguma pequena sujeira da sua roupa, tais atitudes demonstram desprezo para seus espectadores – ao invés de segurança!

4. Use adequadamente o posicionamento de braços e mãos. Você deve usar o posicionamento e movimento dos braços condizentes com o que você está falando, mas sem exageros. Jamais levante os braços acima dos ombros – vai parecer performático e teatral demais! Você pode usar os dois braços juntos, indicando um local imaginário, ou fazendo um movimento de trazer algo para si, depositando as mãos no seu peito. Pode usar um braço só, indicando um caminho e com as mãos demonstrando um objeto. Quando disser números, mostre-os com os dedos. Quando sugerir um pensamento ou atenção, coloque dois dedos na têmpora em sua cabeça. Quando demonstrar uma emoção ou carinho pelas pessoas ou clientes, coloque uma mão sobre seu coração. Mas, lembre-se, jamais eleve os dois braços juntos acima do outro ou, pior, acima da cabeça.

"Leia" as Pessoas

Os grandes oradores são ótimos observadores. Observam seus mentores, os imitam e buscam a perfeição dia após dia. Muitas pessoas não conseguem enxergar alguns detalhes emitidos pelo corpo. São sutis e às vezes involuntários e inconscientes. Caso você consiga enxergar estes pormenores nas pessoas, terá um grande segredo da didática corporativa em suas mãos.

"Ler" as pessoas significa interpretar as suas reações demonstradas sutilmente pelos seus rostos e gestos. Vamos aos segredos (utilize-os com moderação):

1. Olhos: quando alguém está falando, leia os olhos. Eles dizem mais do que as palavras. Se estiver olhando fixamente, com pupilas dilatadas, é sinal de aceitação. Se olhar para cima é sinal que está se lembrando de uma imagem. Olhando para baixo está demonstrando um sentimento.

2. Sorriso: precisamos entender inicialmente que os sorrisos dizem muito a respeito das emoções de uma pessoa. Naturalmente o sorriso produz rugas perto dos olhos. As pessoas que não estão sendo sinceras sorriem somente com a boca, de maneira que lhe dá um grande sinal de falsidade. Se você observar alguém sorrir com os lábios tensos e pressionados é porque guarda um segredo. Por fim, se a pessoa abre um grande sorriso é porque está fazendo com sinceridade – simples assim.

3. Mãos: a posição das mãos mostra o poder que uma pessoa deseja impor na outra. Ou seja, quando alguém está com as palmas das mãos abertas indicam uma perspectiva honesta e revela que esta pessoa quer que você confie nela. Quando as palmas estiverem voltadas para baixo, deverão ser interpretadas como um sinal de autoridade. Cuidado, pois, se você observar que a pessoa levantou um dedo ou ainda apontar com ele, é porque quer dar uma ordem.

4. Aperto de Mãos: quando alguém lhe estende a mão para lhe cumprimentar, você deve perceber se a mão vem de cima ou de baixo. Se a mão vier de cima pode significar que esta pessoa deseja passar à sua frente. E mais, se esta pessoa colocar um pé à frente antes de cumprimentá-lo ou usar as duas mãos para cumprimentá-lo ou ainda puxar o seu braço, significa claramente que ela deseja controlá-lo.

5. Braços: perceba se o seu espectador está de braços cruzados. Neste momento ela está fechada. Não está aceitando o que você está falando. Ela protege-se de você. Pode ainda representar que está escondendo algo ou que não confia em você. Raras exceções com relação a uma posição de conforto ou frio. Por outro lado, quando os braços estiverem abertos, existe uma atitude receptiva. Porém, se a pessoa colocar os braços em frente dos genitais, significa que está insegura em relação a si mesma.

6. Pernas e Pés: caso você perceba que o seu espectador junte as pernas, indica respeito. Se as separar, demonstra segurança. Se perceber um cruzar de pernas em pé releva insegurança. Alguns oradores usam como técnica de charme, porém, nada mais é do que uma atitude para relaxar, uma vez que este está inseguro. Por fim, a direção para onde os pés da pessoa estão apontando ou estiverem virados é o local para onde querem ir rapidamente.

Tais técnicas nos apoiam ainda para detectar se as pessoas estão mentindo. Por exemplo, se esfregar o nariz, coçar um olho, tapar a boca, tocar na orelha, esfregar o pescoço, puxar o colarinho da camisa ou ainda levar os dedos a boca, ela está tentando se esconder – por dois motivos: ou insegurança ou está mentindo!

A Comunicação Não Verbal

Albert Mehrabian, professor emérito de Psicologia da Universidade da Califórnia, nos EUA, desenvolveu a "Regra dos 7%, 38% e 55%", a qual define que toda comunicação direta envolve três elementos: palavras, tom de voz e a expressão corporal.

Quando estamos realizando uma palestra, um treinamento ou conduzindo uma reunião, existem percentuais de percepção e retenção do que está sendo apresentado por você afetando seus espectadores da seguinte forma: 7% da influência que exercemos estão apenas nas palavras que estamos dizendo, 38% da influência está no tom de voz e 55% no que o nosso corpo faz enquanto falamos.

Julgo importante o seu conteúdo técnico a respeito do tema que irá trabalhar ou apresentar em sua explanação, porém, julgo extremamente importante você trabalhar o tom de voz e sua postura corporal, pois são fatores complementares que sobem drasticamente o nível de compreensão da sua comunicação. É preciso alinhar as palavras com o seu tom de voz e seus gestos. É necessário que o tom de voz tenha uma variação baseada nos pontos, palavras, conceitos e fundamentos que você deseja destacar, aumentando ou diminuindo o volume de sua voz, bem como a entonação e velocidade da pronúncia. Por fim, deve haver uma congruência entre o que você está falando e o que seu corpo está demonstrando pelos seus gestos, expressões faciais e postura.

Existem profissionais que falam imóveis, com um tom de voz único e constante durante toda sua apresentação. Eu durmo! E você? Alguns acreditam que o grande conteúdo está apenas focado em suas palavras enunciadas. A grande verdade é que, dependendo da forma como falamos (tom de voz) e como agimos (expressão corporal), as palavras que diremos geram significados diferentes. Portanto, a mesma aula ou a mesma palestra, dependendo da forma como você apresenta, gera resultados completamente diferentes. Está aqui mais um dos grandes segredos da didática corporativa.

A estatística estudada por Mehrabian está presente a todo momento, não apenas em um ambiente de auditório e sim quando estamos conversando com um amigo, quando estamos em uma reunião de negócios ou em uma conversa informal. Vamos descrever um exemplo prático da mesma frase, mas com dois significados diferentes:

Exemplo 1 - "Prazer em conhecê-lo. Tudo bem?": A pessoa diz a frase apertando a sua mão, porém com uma mão frouxa, olhando além de você para descobrir se alguém mais interessante está entrando na sala atrás de você.

Exemplo 2 - "Prazer em conhecê-lo. Tudo bem?": A pessoa diz a mesma frase, mas o aperto de mão é firme, existe um olhar nos olhos, focando todas as atenções para você nesse momento.

Desta forma, é extremamente importante que a sua mensagem falada seja a mais objetiva e concisa possível, pois apenas 7% do que será dito será lembrado ou entendido pelas pessoas. Não enrole! Fale apenas o que tem de ser dito! Em conjunto, reforçar o seu tom de voz irá garantir uma comunicação global completa da sua mensagem. De acordo com o seu objetivo, o seu tom de voz, e aliado a sua expressão corporal, a sua mensagem poderá ser dita com um sorriso no rosto, ou com uma expressão fechada e séria.

Use o Corpo a Seu Favor

Neste momento, você deve fazer uma análise do que foi descrito nos três capítulos anteriores, pois fará toda a diferença quando aplicar na prática. Uma vez conhecendo as ferramentas de comunicação não verbal que irão colaborar com a sua comunicação tradicional – a verbal – as suas chances de se destacar no mercado corporativo aumentam infinitamente. Portanto, traremos aqui algumas conclusões importantes que deverão direcionar a arte da comunicação no difícil mercado corporativo, com foco na utilização de todas as técnicas que apresentamos de "leitura" corporal de pessoas, porém agora trazendo-as para si, ou seja, utilizando-as em você para deixar o seu discurso ainda melhor.

1. Deixe seu público seguro e tranquilo utilizando-se de técnicas de expressão corporal que demonstrem segurança, por exemplo, as pernas entreabertas, as palmas das mãos para cima, ou ainda encostando um braço em um púlpito ou lateral de uma mesa – retire o seu blazer e dobre a manga de sua camisa. Sinta-se à von-

tade, como se fosse conversar entre amigos. Mais importante que isso: demonstre isso!

2. Dominar a tensão pessoal no início de uma reunião, de uma conferência ou uma palestra é primordial. Busque empatia. Portanto, coloque-se no lugar do outro. Busque apresentar gestos, movimentos e expressões faciais próximas às expressões das pessoas que o estão ouvindo. Traga-as para o seu lado. Controle as emoções fortes, traga para o seu nível emocional. Controle a ansiedade das pessoas. Leia os seus rostos, ajuste a sua linguagem, perceba os resultados. Demonstre com seus olhos e seu rosto. Fale sempre no positivo e mostre em sua face. Sorria! Fale com um belo e sincero sorriso no rosto.

3. Preste atenção em todos os detalhes. Explore o lado da sala que está "vazio", sem a sua presença, onde os espectadores ainda estão mornos, ou hostis. Trabalhe a emoção destes. Olhe nos olhos destes em específico. Faça uma pergunta, instigue-os ao debate. Traga-os para o nível do todo. Pegue uma opinião específica e junte com uma nova opinião coletada e trabalhe uma coesão entre as duas, leve para o tema do seu trabalho. Faça com que aquelas pessoas sintam-se importantes e parte da discussão. Use movimentos certos, rápidos, dinâmicos, porém não exagere. Use seus braços a seu favor. Traga-os para você com um sinal de "busca" com suas mãos, depositando-as no seu peito.

4. Faça dos 7% da sua comunicação verbal a mais polida e perfeita possível. Seja natural ao falar. Pronuncie corretamente as palavras. Procure adequar à intensidade da pronúncia e ao ritmo que deseja impor. A velocidade da fala deve ser a mais adequada possível. Jamais esqueça: você deve ter um vocabulário apropriado ao seu público. Pesquise antecipadamente o seu público e se prepare.

Neste momento, incremente sua comunicação verbal com gestos e expressões corporais utilizando as mãos, porém, cuide de suas mãos, pois elas não devem se elevar demais – mantenha-as na linha da cintura e jamais esconda as suas mãos.

5. Erros gramaticais não são aceitos. Fale o melhor português que você puder. Estude! Dê vida ao seu vocabulário, fale com entusiasmo, coloque emoção nas suas palavras. Levante a sobrancelha destacando uma relevância, mova a cabeça para cima e para baixo, deixando algo extremamente positivo e claro. Para engrandecer ainda mais o lado positivo de uma fala, faça um sinal de positivo com as mãos e sorria. Para deixar clara uma visão negativa, em que você não acredita, que não gosta ou que não é correta, faça um sinal de negação com a mão, balançando a cabeça de um lado para outro, e ainda dê uma pequena franzida na testa aproximando as sobrancelhas.

6. Por fim, controle sempre a sua ansiedade. Jamais demonstre uma perda de controle emocional ou um nervosismo. Você jamais pode cometer o erro de dizer que está tranquilo e seguro se seu corpo está demonstrando exatamente o contrário. Olhar insistentemente para o relógio, bater os dedos na mesa, bater o pé no chão constantemente, andar freneticamente de um lado para outro, colocar a mão no nariz e na boca, coçar o olho, arrumar o cabelo, são gestos que denunciam o seu estado de nervosismo intenso. O segredo está na sua respiração. Controle sua respiração. Respire fundo e devagar. Mande oxigênio para seu cérebro – você precisa dele para organizar suas ideias e lembrar tudo o que deve ser falado. Portanto, vá se acalmando lentamente. Aos poucos você estará demonstrando tranquilidade e segurança natural. Confie sempre no seu potencial!

Aprenda a Escutar

Um dos principais desafios do ser humano é escutar. Naturalmente falamos mais do que escutamos. Pensando na fisiologia humana, não deve ser à toa que nós temos dois ouvidos contra uma boca. Penso que é para escutar pelo menos o dobro do que falamos. Mas na realidade nem sempre é isso o que acontece. A nossa ansiedade nos atrapalha, e acabamos cometendo erros como falar antes da hora, cortar as pessoas no meio de suas frases, acreditando que já temos a resposta certa e pronta e assim nos perdemos na excelência em busca da comunicação corporativa.

Muitas vezes trabalhamos neste livro o conceito de empatia, quando eu me coloco no lugar do outro. Você sabia que é preciso ouvir para criar empatia? Eu não consigo saber o que o outro quer, o que ele deseja, o que está pensando e muito menos o que está sentindo se eu não adotar a principal técnica de escuta ativa que é apenas observar e ouvir. É preciso demonstrar interesse pelas pessoas. Interesse pelos seus sentimentos, pelas emoções, pelos problemas e pelas atitudes. O comportamento da maioria dos seres hu-

Vem Comigo!
Quando você é interrompido por perguntas, questionamentos ou dúvidas: ouça, pense e depois fale!

manos está baseado nos fatores descritos acima. Portanto, não divague, ouça com total atenção. Olhe nos olhos!

Quando ouvimos, percebemos a emoção de quem fala. Ficamos mais atentos aos detalhes e temos tempo para planejar nossas ações e a próxima fala. Muitas vezes, fingimos que estamos ouvindo, pois, quando a pessoa está falando algo, já estamos trabalhando a nossa mente para descarregar uma pronta resposta, e nem percebemos que neste momento estamos demonstrando claramente uma ansiedade absurda, porque a cada palavra dita pelo outro dizemos insistentemente e sem perceber um "aham" e balançamos freneticamente a nossa cabeça (concordando ou não). Não estamos ouvindo nada! Estamos apenas esperando o momento ou uma brecha para literalmente cortar a pessoa para que possamos começar a falar. Cuidado, quando estamos ansiosos e preocupados com o que vamos falar, definitivamente não ouvimos.

É preciso, então, ouvir identificando as objeções, identificando os fundamentos e ir passo a passo organizando as nossas ideias. Caso ainda não estejamos certos do que devemos argumentar ou contra-argumentar, é necessário conduzir perguntas objetivas e voltar a ouvir. Faça perguntas, escute! É preciso ouvir aceitando divergências, para encontrar convergências. É preciso ouvir com respeito. Ouça evitando o negativo ou pessimismo. Ouça positivamente! Acredite no que você está ouvindo – caso perceba que a pessoa não está mentindo –, pense bem, pois aquilo faz sentido para quem está falando. A difícil tarefa de ouvir lhe fornece poderosas ferramentas: quando você ouve, é capaz de neutralizar emoções, de acalmar ânimos. Ouvir é coletar informações. Ouvir é interpretar, avaliar, perguntar e formular respostas com segurança.

Por fim, é necessário saber enfrentar objeções ou opiniões

contrárias. Nunca discuta, não se exponha. Não leve a discussão para o lado pessoal. Escute! Preste atenção. Questione com cautela! Entenda o que a outra pessoa está falando. Concorde com ela – e depois sutilmente vá colocando a sua opinião ou dê a informação correta. Jamais perca a paciência. Explique com calma quantas vezes forem necessárias. Não perca a compostura, mesmo que a outra pessoa tenha perdido a dela.

Saiba diferenciar as objeções reais, que merecem uma atenção especial, daquelas que não passam de um simples desabafo ou indignação. Neste caso, evite fazer perguntas abertas, o que dará maior oportunidade para aumentar e aquecer uma discussão. Vá aos poucos fechando o assunto, buscando respostas fechadas: sim, não, talvez, nunca e sempre. Seja paciente, mas jamais perca o controle da situação. Não tente vencer – não é um desafio ou uma guerra. Este não é o caminho – busque o acordo e o consenso. Mas cuidado, muitas vezes as pessoas blefam para testar você. Seja esperto!

Seja Engraçado com Seriedade

Tenho amigos consultores, colegas palestrantes e professores que adoram contar piadas. Usam das suas piadinhas como uma estratégia para "ganhar" a confiança do espectador. Utilizam principalmente no início de uma aula ou uma palestra. Cuidado, pois você será julgado nos primeiros 30 segundos da sua abordagem - momento em que não é permitido cometer erros.

Após uma hora de palestra, ou um tempo com a mesma equipe, ou familiaridade com seus alunos, você acredita que já possui liberdade suficiente para contar piadas, ser engraçado e fazer as pessoas rirem de você. Acredito que existe uma diferença enorme entre rirem de você e rirem com você!

Em nossas pesquisas para compilar e desenvolver os segredos da didática corporativa estudamos o comportamento de vários palestrantes e consultores e nos deparamos com uma quantidade enorme de profissionais que acabam "se queimando" com piadinhas infames, fracas, e principalmente realizadas em momentos inoportunos. Por diversas vezes percebemos que as pessoas estão rindo do palestrante e não com o palestrante.

Vem Comigo!
Adote uma abordagem dinâmica e descontraída.

Não acredito em piadas generalizadas e fora do contexto. Acredito que elas mais atrapalham do que agregam, pois colocam você ainda mais em exposição e sob avaliação crítica. É um momento delicado, uma análise criteriosa que você mesmo deve fazer e saber como conduzir. A minha proposta, que funciona muito bem e dá ótimos resultados, é você tornar cômicos e muitas vezes até hilários acontecimentos e fatos do dia a dia, focado 100% no tema da aula. Trabalhe de maneira descontraída e com respeito ao negócio em que as mesmas estão inseridas. Chamo de "piada corporativa" – contada de forma extremamente inteligente, na hora certa, para o público certo, e com o linguajar adequado.

Acredito em uma abordagem extremamente dinâmica de aula, descontraída e até informal, onde se trabalham a todo momento as emoções dos participantes. Faça-os sorrir sempre. Faça-os sorrir com você. Não seja irônico, seja engraçado de forma séria! Jamais conte piadas ou histórias que ofendam as pessoas. Muito cuidado ao lidar com valores pessoais, crenças, raças e religiões. Atenção aos assuntos polêmicos como times de futebol ou interesses políticos. Utilize o bom humor para promover um ambiente sadio e confortável. Seja engraçado com seriedade e Vem Comigo?!

Confie no seu Potencial

Uma das primeiras atitudes do profissional de comunicação é acreditar no seu potencial. Obviamente o seu conhecimento com relação ao assunto já é meio caminho andado, porém, a forma como você lida com o seu conhecimento vai fazer toda a diferença. Em busca da didática perfeita, é preciso que você acredite no seu trabalho, buscando sempre uma sintonia favorável e positiva com relação ao que você vai executar. Acreditar é a palavra de ordem!

Eu acredito 100% no meu potencial! Você acredita no seu? Quais são os seus pontos fortes? Qual é o seu diferencial? O que você tem de melhor?

Jamais foque nas suas deficiências, ou nos seus pontos negativos, de maneira a buscar desenvolver ou melhorar as suas debilidades. Esta estratégia nem sempre funciona, fazendo com que você ofereça foco de atenção no que não quer ou no que não deseja. Sugiro que você realmente dê foco no melhor que você tem. Busque desenvolver sempre as suas melhores habilidades e as suas competências, assim, você encontra o seu melhor potencial. Quando você foca no positivo, por consequência natural os seus pontos negativos são melhorados e autodesenvolvidos sem que você perceba.

O nosso inconsciente tem a função de nos proteger, em todos os sentidos. Assim, quando acreditamos que não somos capazes de desenvolver algo, ou que a nossa competência está sendo julgada por nós mesmos, dizemos em nosso diálogo interno frases negativas que possuem o poder de se externar em nossas ações. Assim, o que pensamos agimos! Ou o que pensamos que não podemos não agimos.

Com o objetivo da proteção, quando o seu inconsciente se depara com uma voz interna falando: "Acho que não vou conseguir!", "Não tenho certeza que sou capaz de...", ou ainda, "Tenho medo de falar em público.", "Eu nunca consigo conduzir uma boa reunião com a minha equipe!", "Nunca consigo negociar com o meu chefe..." estas frases dizem para o seu inconsciente o que você quer, o que você deseja, e ele passa a conduzir as suas funções no consciente de maneira a bloquear as ações que irão colocar você em risco, pois ele quer protegê-lo. Ou seja, o seu desejo é uma ordem!

Não estou pedindo aqui que você use a "força do pensamento" ou algo sobrenatural ou "do além". Não é nada disso! É apenas utilizar uma das ferramentas mais poderosas que você tem a seu favor, ou seja, o seu cérebro. Quando usamos o nosso inconsciente a nosso favor, ele oferece apoio ao nosso consciente, tomando assim as ações necessárias para que algo aconteça de acordo com o que colocamos em nossas mentes. Corpo e mente são uma coisa só e estão diretamente ligados. O que pensamos o nosso corpo executa! O que pensamos que não queremos o nosso corpo não executa. É simples assim.

Portanto, cabe a você tomar uma decisão simples e ao mesmo tempo séria. O que você deseja? No que você acredita? Pois, se acreditar que é capaz, a sua mente e seu corpo irão trabalhar de forma integrada para que o seu desejo seja alcançado. Obviamente muitas coisas podem acontecer no seu caminho, fazendo com que você rapidamente deixe de acreditar que é possível, pois com certeza existem variáveis ao seu redor que fogem do seu controle e não estão sob seu comando. Mas aprender a lidar com estas adversidades pode ser o seu grande diferencial. Acredite! Acredite sempre!

Tenha foco, não desista. O que diferencia uma pessoa de sucesso de pessoas que não conseguem obter o êxito é a forma como lidam com as dificuldades. Quando encontramos uma barreira, podemos nos conformar ali com aquela situação e não fazer nada para mudar, acreditando que aquilo é mesmo para você e que você não merece algo melhor que aquilo e assim acredita que não pode. Dessa forma, você perde a sua iniciativa e permanece na zona de conforto.

É preciso muita persistência e perseverança. É preciso estar focado nos seus objetivos em busca das suas realizações. Você não pode fazer as coisas pela metade! Quantas vezes você já começou um novo projeto, seja ele pessoal ou profissional, e depois de algumas dificuldades abandonou a sua conclusão acreditando que as dificuldades são maiores que a possibilidade do sucesso? Quantas vezes você já desistiu? Tenha foco, não desista e acredite sempre no seu potencial.

Um dia eu sonhei ser um palestrante corporativo sério e respeitado. Um dia eu sonhei conquistar um carro vermelho esportivo. Um dia eu sonhei estar sentado em uma praia com o melhor *laptop* da Apple no colo escrevendo um livro – e aqui estou! Com os pés na areia de uma bela praia brasileira, com a minha família, ouço o barulho das ondas enquanto escrevo mais este livro. Simplesmente acredite e trabalhe muito. Trabalhe por horas a fio. Trabalhe duro, mas acredite e trabalhe focado nos seus objetivos. Os seus objetivos serão a ponte para você alcançar os seus sonhos. Ouse sonhar e acredite nos seus sonhos!

Interaja!

Um dos grandes segredos da oratória e da didática corporativa está na capacidade de interagir com o seu público. Parece óbvio, mas muitas vezes palestrantes, professores, gerentes e líderes simplesmente começam a falar, focando apenas no seu conteúdo e esquecem que existe um público ou uma equipe com que deve buscar uma interação.

Já nos deparamos com professores que começam as suas aulas sem cumprimentar os seus alunos. Muitos destes profissionais possuem um conhecimento amplo e aprofundado sobre o tema pelo qual estão discorrendo, mas nem sempre possuem a habilidade adequada da didática e da oratória. Eles falam por horas, e não pedem opinião, não conversam com os seus alunos, e jamais instigam um debate. Assim, a sala morre! Dorme. Fica mórbida e obviamente a apresentação fica chata, colocando em prova o conhecimento do professor.

O mesmo acontece com alguns palestrantes corporativos, os quais colocam-se atrás de um púlpito com um microfone na mão e leem a sua palestra sem mesmo fazer uma pausa para que os presentes possam absorver o assunto.

Outros palestrantes encaram a sua plateia com um ar de arrogância, não interagem, não olham nos olhos dos seus interlocutores. Chegam, dizem bom-dia, boa-tarde ou boa-noite e já iniciam uma verborreia sem fim. Alguns ainda são capazes de cometer o erro de avisar que não é permitido fazer perguntas ao longo da palestra, deixando que as perguntas ou as dúvidas fiquem para o final da apresentação. O que é um erro, pois perdem a oportunidade de transformar a sua palestra em um evento prático, dinâmico e interativo. Quando deixamos para responder uma pergunta no final da palestra, ela provavelmente já perdeu o contexto. Perdemos a possibilidade de responder as dúvidas no momento em que elas foram criadas, tornando grandiosa a sua explanação, uma vez que a resposta pode agregar muito ao conteúdo e experiência da sua apresentação. E, assim, perdemos a possibilidade de nos mostrar um palestrante preocupado com as necessidades do seu público.

O professor, o palestrante ou o gerente em uma reunião que abre a sua abordagem para o público ou a sua equipe consegue conquistar muito mais a atenção, uma vez que consegue conquistar a confiança público. Não há nada pior do que uma aula, ou uma apresentação em que o palestrante diz algo profundamente técnico, mas sem aplicabilidade prática no dia a dia das pessoas ou da empresa. A sua abordagem precisa fazer sentido, precisa agregar valor. Uma equipe que participa de uma reunião, de uma abordagem, de uma explicação ou de uma apresentação precisa ter a sensação nítida de que encontrou o que procurava, bem como encontrou oportunidades em busca de resultados práticos para o seu dia a dia – seja de caráter pessoal ou profissional.

O grande segredo está na interatividade que você vai desenvolver ao longo da sua apresentação. É preciso de tempo em tempo perguntar aos seus espectadores o que eles estão pensando sobre o assunto, o que eles estão entendendo. É preciso questioná-los a respeito do sentido que aquele determinado assunto ou tema está fazendo para eles. É preciso entender se há aplicabilidade real com foco no atendimento das necessidades da maioria do seu público.

Algumas perguntas podem ser feitas para buscar tal interatividade com o seu público ou sua equipe:

1. "Isso faz sentido para vocês?"

2. "É possível encontrar uma aplicação prática?"

3. "Como isso acontece na sua empresa? (ou na sua vida pessoal)"

Estas são perguntas poderosas que lhe oferecem uma oportunidade gigantesca de, além da interatividade, você encontrar maneiras de direcionar a sua apresentação para um caminho diferente do que você havia planejado anteriormente, customizando sua oratória de acordo com a necessidade do seu público. Fazendo isso, você conquista a confiança dos demais e consegue a oportunidade de levá-los para onde você quiser em um segundo momento, no qual suas ideias precisam prevalecer para que o seu recado seja dado.

Sei que muitas vezes você fará uma apresentação para um grande número de pessoas. Fará uma palestra para um grupo de funcionários na sua empresa ou ainda um evento um pouco maior em uma convenção. Em todos estes casos, sempre que possível, você precisa conseguir dar atenção especial para cada um dos presentes. Eu digo que praticamente uma atenção individual. Não é uma tarefa muito fácil, mas você como um grande comunicador deve estar 100% atento durante uma apresentação, percebendo as reações de cada membro e buscando atender e interagir com o maior número de participantes.

Jamais se esqueça do seu público. Movimente-se, interaja, pergunte, questione. Enfim, instigue o máximo possível um debate. Ouça opiniões, cruze ideias dos participantes, encontre o consenso e faça com que a sua plateia sinta que a ideia final foi concebida após aquele produtivo debate intermediado por você, mas que contou com as opiniões e ideias de cada membro que participou ativamente da sua explanação.

Se você acredita que suas ideias estão todas prontas e que não devem sofrer nenhuma mudança, então você está fadado ao fracasso. Quando for questionado a enxergar algo que você não estava vendo, você será pego de surpresa, e sair do *script* pode ser fatal se você não estiver preparado. Busque a interação e Vem Comigo?!

Carta na Manga

Um mágico ilusionista tem sempre uma "carta na manga", e, quando menos se espera, ele saca a sua carta mágica, dando uma sensação de apresentar algo que ninguém imaginava e que ninguém esperava.

Acredito sempre no elemento surpresa como estratégia de apresentação, como apresentar de repente uma solução inesperada, grandiosa e repleta de entusiasmo. Mas, não acredito que é possível tirar a carta mágica da manga e apresentar uma solução mirabolante sem base de fundamento ou prática comprovada. Não é correto fazer o seu público acreditar que existe uma única solução mirabolante e que você irá sacá-la da manga, a qual estava escondida a sete chaves e ninguém além de você e os seus interlocutores sabem daquilo.

Acredito que uma apresentação bem feita deve estar embasada em conceitos, fundamentos acadêmicos, comprovações empíricas e cercada de possíveis resultados práticos. É preciso apresentar experiência. É preciso mostrar vivência no assunto e principalmente ganhar a confiança pelo exemplo. O seu dom da comunicação, aliado às técnicas apresentadas neste livro, devem ecoar como um emaranhado de conhecimento cruzado em sua mente, buscando sempre apresentar exemplos e trazer soluções que estejam diretamente focadas na realidade de quem você está abordando.

Acredito ainda que o segredo e o sigilo de algumas informações podem ser estratégicas para uma negociação, para uma determinada equipe operacional ou para uma empresa como um todo, porém, tais segredos não devem ser tratados como a carta mágica na sua manga, e que apenas você tem a solução, fazendo com que a sua presença ou a sua abordagem seja extremamente necessária. Ter uma carta mágica na manga é fazer as pessoas acreditarem em algo mágico e não real. Definitivamente não funciona!

Não esconda. Compartilhe! Quem compartilha tudo com o seu público garante a confiança e com certeza passa uma maior credibilidade.

Pulo do Gato

Você conhece a história do "Pulo do Gato"? Segundo ela, o tigre queria aprender com o gato todas as suas técnicas e artimanhas da experiência de pular – a qual era elogiada por todos os animais, pois o gato tinha um pulo fantástico e perfeito. Assim, o tigre, com o objetivo de aprender os pulos do gato, o contratou para ensiná-lo, solicitando ao gato que lhe ensinasse tudo o que sabia.

O gato então passou a ensinar os seus pulos ao tigre. Ensinou todos os movimentos possíveis, ensinou cada forma de posicionar o corpo, como colocar as patas ao cair no chão, como pular de árvores e como saltar objetos, deixando o tigre apto a realizar todos os pulos de um gato.

Ao término do período de treinamento, o tigre agradeceu ao gato pelos seus serviços e, quando este se virou para ir embora, o tigre – tendo aprendido todos os pulos – buscou dar um pulo perfeito com o objetivo de pegar o gato e comê-lo, pois este era o seu objetivo real desde o início. Mas, neste momento, o gato deu um pulo diferente, ele fez um extraordinário salto, esquivando-se do tigre de uma forma quase que inacreditável, deixando-o sem entender como ele realmente fez aquilo.

Assim, indignado, o tigre perguntou ao gato:

"- Mas, gato, este pulo você não me ensinou!"

E o gato respondeu com um sorriso sarcástico:

"- Ah, este eu não posso ensinar. Este é o pulo do gato!"

Trazendo para a nossa realidade, esta história nos mostra claramente o conceito do diferencial que cada um de nós devemos ter perante o mercado competitivo. Não vou lhe ensinar aqui um pulo do gato, pois, como na história do gato, existe o "Pulo do Meda" e este é só meu e não vou lhe ensinar mesmo! Neste livro vai ficar faltando um único capítulo, o qual eu não vou escrever. Este é o meu pulo! Meu diferencial.

Também não vamos entender que o famoso pulo do gato é um segredo dos mais escondidos, como a carta da manga que apresentamos no capítulo anterior – pois assim estaríamos sendo contraditórios.

O pulo do gato nada mais é do que o seu jeito especial de fazer as coisas. Aqui neste livro, estou lhe apresentado técnicas e lhe entregando ferramentas que realmente irão fazer a diferença como um comunicador corporativo, porém, cabe a você colocar o seu toque de classe. Cabe a você adaptar os meus ensinamentos às suas características pessoais. Para que você e só você desenvolva o seu pulo do gato e o utilize quando julgar necessário.

Peço aqui que você não perca a sua identidade. Sempre que aprender algo, avalie, questione, duvide, discuta e encontre as melhores soluções, oportunidades e possibilidades adaptadas e adequadas a sua real necessidade. É preciso que você utilize as técnicas apresentadas neste livro e comprovadas por anos na prática, mas com a sabedoria de dosar a sua experiência a respeito do tema.

Caso você seja um novato na comunicação corporativa, com o tempo, com a prática e com a experiência que você vai adquirir, tenho certeza que irá desenvolver o seu pulo todo especial e só seu, impossível de alguém imitá-lo.

Se você ainda não sabe qual é o seu pulo do gato, tenha paciência. Leia este livro até o final. Tenho certeza que você irá encontrá-lo!

Cereja do Bolo

Já falamos aqui da "carta na manga", do "pulo do gato", e agora vamos falar da "cerejinha do bolo". Tenho certeza que você já ouviu tal expressão. Na minha abordagem com foco na oratória empresarial, a cereja do bolo é o toque especial o qual você coloca para "enfeitar" o bolo. O bolo é a forma, o conteúdo, o recheio, o contexto, o assunto e a abordagem. A cereja é o toque de elegância. A cereja é o adorno especial. Obviamente é preciso ter sabor e pode ser degustada, mas é rara e precisa ser verdadeira, senão pode soar falsa e sem gosto.

Você já parou para refletir quais são as suas maiores e melhores competências? O que você faz com a maior habilidade? O que você executa tão bem, que não precisou ninguém lhe ensinar? Sabe aquilo que você faz tão bem e nem sabe ao certo como faz, mas sabe que faz e faz com perfeição, com mestria? Descobriu? Então descubra, pois esta é a cereja do seu bolo! Mais uma vez, estamos aqui falando dos seus diferenciais, os que farão com que você se torne um profissional superior à média de mercado.

Sinceramente, não vejo espaço para mais um. Ser igual à média dos profissionais do mercado corporativo – aqueles que possuem extrema dificuldade de se expressar e comunicar na empresa – irá colocá-lo em meio aos profissionais medíocres e você será mais um na multidão, esforçando-se absurdamente para ganhar um espaço e se destacar.

Pare para pensar e perceba que a maioria das pessoas de sucesso e de destaque que você conhece no meio corporativo são ótimos comunicadores. Obviamente existem exceções a esta minha afirmação. Mas, posso garantir que a maior parte dos empresários, empreendedores, diretores, gerentes, palestrantes e professores elogiados pelos seus trabalhos são ótimos comunicadores e dominam a arte da didática.

Cada um deles, sobre os quais você pensou, possuem uma "cerejinha" especial decorando seu "bolo". Possuem características especiais como carisma, relacionamento fácil e colaboração. Sabem lidar com pessoas! São acessíveis, prestativos, entusiastas e flexíveis. Pense nisso! Busque se espelhar nestas pessoas, e destaque a "cereja do bolo" de cada uma delas. Talvez você queira enfeitar o seu bolo com uma destas cerejas que destacou.

Caso prefira, busque a "azeitona da empada"! De qualquer forma, são detalhes que fazem toda a diferença. Destaque-se!

Simples e Objetivo

Com certeza a melhor forma de nos comunicarmos é com simplicidade e objetividade. Existem profissionais que utilizam um vocabulário exageradamente difícil com o objetivo de mostrar poder, acreditando que o uso ostensivo de palavras técnicas os colocam na frente das demais pessoas. Uma pena, pois na verdade estes falsos profissionais conseguem apenas afastar as pessoas de si, uma vez que ninguém o entende e assim tendem a recusá-los. O problema é quando são chefes ou líderes de uma equipe!

Um dos grandes atributos do líder corporativo que as empresas buscam hoje é o da comunicação. Profissionais que dominam a arte da comunicação estão sempre à frente, pois conseguem como ninguém delegar funções para sua equipe, organizar as ideias, compartilhar os objetivos. Enfim, conquistar os resultados esperados pela empresa.

Estes profissionais possuem uma linguagem extremamente simples, focada e muito objetiva, elencando os pontos principais e necessários que devem ser abordados em uma reunião, deixando de lado a comunicação vaga e sem fundamento que muitos utilizam para se mostrarem mais importantes que os outros.

Você, que está buscando neste livro um grande apoio em ferramentas de comunicação corporativa para conduzir uma reunião com a sua equipe ou uma reunião de apresentação de metas e resultados para a sua diretoria, deve sempre buscar um linguajar simples e direto, o qual atenda diretamente as necessidades de quem o ouve, ou seja, é preciso falar o que querem ouvir. Ir direto ao ponto!

Para tanto, você deve pesquisar os interesses de quem irá ouvi-lo. O que eles esperam de você? O que eles buscam? O que realmente e diretamente desejam ouvir com a sua explicação ou com a sua apresentação? Não perca tempo com detalhes, vá sempre direto ao foco. Use a sua introdução para nivelar o conhecimento dos presentes e realmente abrir o assunto. Jamais faça rodeios!

As pessoas em geral estão sempre com pressa e com tempo reduzido, o que faz com que busquem cada vez mais reuniões de trabalho curtas e objetivas. A pior sensação é quando perdemos tempo em uma reunião ou assistindo a uma apresentação que na prática não nos agrega conhecimento ou valor ao que estamos necessitando naquele momento.

Você deve possuir a sutileza de perceber as emoções de quem o ouve, analisando suas características físicas, percebendo suas expressões faciais e como se comportam após cada abordagem, notícia ou informação que você apresenta. Jamais perca a sintonia da comunicação não verbal. Desperte o máximo da sua capacidade de observação, encontrando formas de se comunicar sempre diretas, simples e extremamente objetivas.

Imagine você realizando uma apresentação de um projeto para seus diretores e percebe que ainda no meio da apresentação dos seus *slides* alguns deles olham várias vezes para o relógio. Neste momento, eles lhe deram um sinal. Você enxergou?

Leia os Rostos e Mude o Rumo

A maioria das pessoas respondem a estímulos da mesma forma, ou seja, apresentam microexpressões faciais que nos dizem muito do que elas estão pensando. Assim, dependendo da forma como falamos ou nos apresentamos, os nossos espectadores nos respondem com movimentos prováveis dos olhos, da testa, da boca e da cabeça.

Estudar expressões faciais de comunicação não verbal é um precioso segredo da didática corporativa. Quando conseguimos perceber as expressões de quem nos ouve, sabemos exatamente que rumo devemos adotar. Ou devemos continuar com a mesma linha de abordagem e comunicação, pois está dando resultado, ou mudamos o rumo, pois não estamos conseguindo o que desejamos.

Um professor ou palestrante que ao falar para uma plateia consegue observar as pequenas e prováveis reações faciais da maioria dos seus espectadores, consegue um poder de comunicação extraordinário. Com os sinais positivos ou negativos que as pessoas fornecem – na maioria das vezes involuntários – colaboram para uma abordagem mais direta, atendendo às necessidades destas pessoas, ou ajustando a comunicação. As pessoas costumam dizer: "Nossa... parece que ele está lendo a minha mente e dizendo realmente o que eu precisava ouvir... parece que ele sabe tudo o que estamos passando aqui na empresa!" Não é mágica, é apenas ciência! Ciência da interpretação do comportamento humano através dos sinais da face.

Cabe aqui ressaltar que os movimentos da face são prováveis e padronizados, com os quais a maioria das pessoas reagem da mesma forma. Porém, não podemos generalizar, pois uma pequena parcela das pessoas não apresentam os mesmos movimentos padronizados de olhos, boca, testa e da cabeça.

O importante de tudo isso é a sua capacidade de observação. Imagine que você está realizando uma palestra para cerca de 40 pessoas em um auditório. Procure dividir o seu auditório em dois. Metade do seu público do lado direito e a outra metade do lado esquerdo. Faça esta divisão mentalmente e visualize as pessoas que dividem o ambiente. Feito isso, durante a sua abordagem, procure observar as expressões faciais durante todo o tempo em que estiver falando. Quando você disser algo e perceber que a grande maioria lhe deu um sinal positivo com a cabeça, balançando-a sutilmente para cima e para baixo, após uma pergunta sua, é porque você realmente conseguiu o seu objetivo e o resultado foi satisfatório. Mas, quando você percebe uma expressão de dúvida, de ceticismo ou de descrença, é bem provável que o que você disse não tenha agradado alguns espectadores ou pessoas em especial. Neste momento, você deve sutilmente aproximar-se do lado do auditório em que está esta pessoa, sem olhar diretamente para ela (a fim de que não perceba, para não a expor) e falar novamente – como se fosse especialmente para ela, porém de uma maneira diferente, observando a sua nova reação. A nova reação lhe oferece o próximo passo.

Neste momento, você pode ainda questionar o seu público, do lado onde a pessoa ou as pessoas que lhe deram o sinal negativo estão sentadas, instigando-as a falar ou se expressar para que você entenda diretamente o que estão querendo dizer. É bem provável que você causará uma surpresa nestas pessoas, pois vai dar atenção diretamente a elas, atendendo as suas dúvidas e demonstrando a sua preocupação direta com elas (mas seja sutil – você não precisa expor diretamente estas pessoas – apenas se volte para o lado onde elas estão). Talvez elas nem percebam o que você fez, mas com certeza foi classificado como um ótimo palestrante, pois você "viu" e fez o que os demais não veem.

Ao menor sinal de receptividade mantenha o seu foco como planejado anteriormente. Ao menor sinal de negatividade mude imediatamente o seu foco inicialmente planejado e atenda às necessidades de quem o ouve e se destaque da maioria dos palestrantes, gerentes e professores do mercado.

Não seja negligente na sua comunicação! Você poderia simplesmente "ver" tudo isso, e continuar a realizar a sua explanação da mesma forma, ignorando tais reações. A decisão é sua, mas tenho certeza que você já não quer mais seguir o caminho da grande maioria e realmente fazer a diferença. *Vem Comigo?!*

Interprete o Corpo e Ajuste a Linguagem

Além de interpretar as reações da face, também devemos interpretar as reações do corpo na comunicação não verbal e ajustar a nossa comunicação caso seja necessária. A comunicação não verbal é um grande segredo quando você domina as técnicas e consegue observar as sutilezas que podem lhe sinalizar como o seu público está reagindo durante uma reunião ou apresentação.

Inicialmente, é preciso observar as posturas iniciais dos espectadores. Como estão sentados? Relaxados ou tensos, tranquilos ou estressados? A posição da maioria do auditório ou de algum grupo lhe sugere algo? Ansiedade? Surpresa? Segurança?

Ao passo que você inicia a sua abordagem é bem provável que as posturas vão mudando ao longo da sua apresentação, perceba que elas tomam posições diferentes dependendo do que você fala. Quando você diz algo que desperta interesse nas pessoas, rapidamente elas se mostram mais à frente ou colocam a mão na boca, ou apoiando a cabeça, demonstrando um sinal de pensamento ou avaliação. Perceba que quando você conta algo engraçado as pessoas se movimentam mais intensamente nas cadeiras, mudando de posições, olhando umas para as outras – uma bela estratégia que você pode adotar para quebrar o clima de uma apresentação ou palestra.

Perceba ainda que, quando você diz algo que faz com que as pessoas riam com você, e apenas uma ou outra não expressa nenhuma reação. Caso você veja este fato se repetir ao longo da sua apresentação, é provável que você não esteja agradando totalmente a estas pessoas. Porém, avalie com cautela, pois simplesmente pode ser o jeito daquela pessoa mesmo.

Quando você percebe que o seu público começa a cruzar os braços, olhar para trás, para o relógio, olhar para a porta ou ainda colocar os pés cruzados embaixo da cadeira, este é um belo sinal de que existe algo errado. É bem provável que a sua apresentação esteja cansativa, lenta, ou de difícil compreensão. De alguma forma, as pessoas estão incomodadas. Obviamente existem sinais mais nítidos, que são cochilos ou abrir de bocas, com os quais você percebe claramente que está na hora de parar e terminar. Estão literalmente dormindo!

Sinais positivos são apresentados em forma de uma postura na maioria das vezes ereta. A cabeça alta e os olhos sempre acompanhando você, onde quer que você se movimente na sala ou auditório. Sorrisos, sobrancelhas levantadas, movimentos de aceitação com a cabeça. Braços e pernas soltos e relaxados também demonstram claramente sinais positivos. Cabe ressaltar que braços cruzados ou pernas cruzadas podem ser apenas posição de conforto e nenhum sinal corporal além disso. Portanto, tenha a perspicácia para perceber tais detalhes.

Você deve estar plenamente sintonizado com a sua equipe e com o seu público, percebendo a todo momento as reações das pessoas. Enxergar a postura física é também um dos grandes segredos da didática corporativa. Perceba os sinais de negatividade e mude a sua abordagem e a sua linguagem. Perceba os sinais de positividade e mantenha-se neste caminho, pois está correto!

Deixe Seu Corpo Falar

Nos capítulos anteriores descrevemos as sutilezas da comunicação não verbal, e alguns segredos que irão fazer a diferença no seu dia a dia profissional quando necessitar conduzir uma reunião, ou explicar tarefas para sua equipe, ou uma apresentação de resultados para os acionistas da empresa, ou quem sabe até uma palestra. Neste capítulo, vamos abordar a nossa postura como uma forma de incrementar e aumentar o resultado da nossa oratória.

Imagine se você tivesse que fazer uma apresentação para uma plateia com uma duração de duas a três horas, sem intervalos e falasse durante todo o tempo sentado? Ou ainda sem se movimentar, parado atrás de um púlpito ou parado em apenas uma ou outra posição no palco? Acredito que ao longo do tempo da sua apresentação o seu público tende a ser tornar naturalmente hostil e você perder a credibilidade, fazendo com que as pessoas percam o foco em você, em seus *slides*, suas explicações etc., fazendo com que o seu consciente passe a se ocupar com qualquer coisa, menos com você e a sua apresentação. Dependendo do clima da sala, e do tom e volume da sua voz, a pessoa tende a ter sono e algumas chegam a dormir.

Por anos, observamos em nossas pesquisas a forma como professores, consultores, palestrantes, gestores e líderes executam suas palestras, e concluímos que existem basicamente dois tipos de profissionais: os que desconhecem 100% das técnicas de comunicação não verbal e expressão corporal e aqueles que usam de forma exagerada.

Os primeiros, sem utilizar o seu próprio corpo para colaborar para incrementar o que está dizendo na linguagem falada, tornam a sua apresentação morosa e desinteressante. Os segundos, usam de forma exagerada o que aprenderam sobre postura e expressão corporal e são verdadeiros atores dramáticos ou comediantes no palco, tornando-se figuras teatrais e cômicas, o que as transforma em objeto de chacota e torna o seu trabalho pejorativo.

Quando você está diante de um público ou de uma plateia, independentemente do tamanho desta, é preciso que haja congruência entre o que você fala e o que você faz. Os seus gestos precisam estar condizentes com a sua fala! Uma sintonia perfeita. Não é possível passar confiança uma vez que você faz algo mas demonstra o oposto. Felizmente, o nosso corpo e principalmente as microexpressões faciais não estão desconectadas do que estamos pensando, e mesmo que você não queira, estes movimentos são involuntários – e suas expressões podem facilmente denunciá-lo.

É preciso usar o seu corpo a seu favor. Use os braços com moderação – nunca acima dos ombros. Não ande muito rápido e com movimentos repetitivos de um lado para o outro sem sentido. Cuidado quando estiver conduzindo uma reunião sentado, e os seus pés e pernas ficam batendo no chão em movimentos repetitivos – pois o seu corpo está demonstrando ansiedade! Respire, concentre-se e foco. Tenha foco e congruência.

Crie Âncoras

Uma grande ferramenta para você utilizar na didática corporativa que trará resultados surpreendentes na sua oratória, principalmente quando você estiver falando para um público maior, por exemplo, palestras em salões ou apresentações no auditório da empresa, é o uso de âncoras.

Ancoragem é uma técnica da Programação Neurolinguística com a qual criamos formas de estabelecer um vínculo, uma marca ou um ponto em nossa memória que nos faz remeter a um momento em que passamos ou vivemos no passado (perto ou distante). Vamos aos exemplos. Já aconteceu com você um fato em que você ouve uma música e instantaneamente se lembra de um momento especial? Ou sentir o cheiro de um perfume e você se lembra de alguém? Ou ainda sentir o cheiro de um assado e você se lembra da ceia de Natal na casa da família?

Isso acontece com os nossos sentidos. Pode ser uma música, um cheiro ou até mesmo uma sensação física. As âncoras são instaladas geralmente em momentos de emoção elevada. Qualquer cheiro, música ou sensação física que lhe acontecer em um momento de forte emoção, é bem provável que quando você ouvir novamente aquela música, sentir exatamente o mesmo cheiro ou recriar exatamente a mesma sensação física (um toque no seu ombro, um pequeno aperto no braço etc.), esta âncora que foi instalada há algum tempo será imediatamente disparada e irá se lembrar e reviver a mesma emoção sentida no passado.

Eu mesmo, todas as vezes que vou iniciar uma de minhas palestras, seja em eventos e convenções nas empresas ou em uma aberta para um grande público, sempre quando meus espectadores entram no salão ou auditório já coloquei uma música e borrifei um perfume suave no ar. Até o início da palestra, aquela música permanece tocando. Esta música é automaticamente repetida no final da minha palestra no último *slide*, enquanto o pessoal sai do salão. Assim, eu tenho a possibilidade de criar âncoras com a música que utilizo e o cheiro que deixo no ar, fazendo com que estas âncoras sejam disparadas em outros momentos, ocasionando que as pessoas se lembrem daquele dia, do meu trabalho e do conteúdo que aprenderam por muito tempo depois da minha palestra.

Como eu coloco sempre a mesma música e sempre o mesmo perfume no ar (bem discreto e sutil), pessoas que já assistiram as minhas palestras e gostaram do conteúdo automaticamente retomam na memória momentos que viveram naquele dia. Ou seja, as âncoras têm a possibilidade de retomar momentos bons, de forte emoção e que nos remetem à possibilidade de reviver a sensação ou uma experiência vivida.

É por todos estes motivos que não somos capazes de lembrar o que jantamos em um dia específico e comum na semana passada, ou o que jantamos no dia 31 do mês passado. Mas, somos totalmente capazes de lembrar o que jantamos no dia 31 de dezembro do ano anterior, pois ali, além do nosso cérebro aprender e reter informações e fatos por emoção, as âncoras colaboram para todo este processo.

Imagine outro fato. Imagine que você e sua amada ou seu

amado possuem uma música que é o tema de vocês. Uma música que representa o amor que vocês sentem um pelo outro. Provavelmente aquela música tocou em um momento muito especial de vocês: ou no primeiro encontro, ou em um dia muito especial do relacionamento de vocês, um aniversário talvez, ou ainda no dia do casamento. Portanto, todas as vezes que toca aquela música, como num passe de mágica, vocês dizem um para o outro: "... é a nossa música!" e passam a reviver pequenos instantes daquele momento maravilhoso.

Cuidado, pois as âncoras podem disparar momentos ruins em nossas vidas, relembrando momentos de forte emoção que foram indesejados. Portanto, ao criar uma âncora em sua palestra, você precisa obviamente garantir que aquele foi um bom momento para os participantes, fazendo-os relembrar os fundamentos, os conceitos, as práticas corporativas que viveram no momento em que você instalou aquela âncora. Você não quer instalar uma âncora negativa a seu respeito. Quer?

Uma das grandes técnicas do uso das âncoras na didática corporativa é o que eu chamo de "âncora de palco", ou seja, pequenas âncoras que são instaladas em locais específicos no palco durante uma apresentação. Por exemplo, imagine que você vai explicar um conceito ou um fundamento que possui dois lados, um bom e um ruim, um positivo e um negativo, um que traz resultados para a empresa e outro que não traz resultados. Assim, quando você for apresentar um dos lados, por exemplo, o negativo primeiro, você se direciona para um lado do palco, lá parado neste lado, você dá os exemplos, explica os conceitos, fundamenta os motivos do lado negativo, fazendo até expressões corporais e faciais que demonstram negatividade. Ali naquele ponto do palco você então criou uma âncora negativa. Logo em seguida, você sai rapidamente daquela posição, permanece no meio do palco dizendo que você explicará o outro lado.

Em seguida, vai então para a outra posição do palco onde você irá instalar a âncora positiva. E ali, parado, você explica os conceitos e fundamentos de algo positivo, com expressões positivas, entusiastas e, dependendo do assunto, sorrindo! Ali você instalou a sua âncora positiva no palco.

Todas as vezes que você precisar na sua apresentação ou palestra voltar a momentos de exemplos negativos ou positivos, basta você se posicionar nos locais onde você colocou as âncoras, e automaticamente, ou melhor, inconscientemente, você dispara estas âncoras nas pessoas, fazendo assim com que a sua comunicação tenha resultados surpreendentes.

Um outro exemplo com ótimos resultados é quando você percebe, sem ter planejado, que - durante a apresentação - instala uma âncora. Imagine que você conta algo que soa extremamente engraçado e divertido para a plateia. Algo que não soa como cômico e sim engraçado, de maneira a colaborar muito para o exemplo do conteúdo que você está explicando. Ali naquele momento, como você despertou fortes risadas, instalou uma bela âncora. Assim, todas as vezes que você precisar criar um clima mais descontraído na sua palestra, basta voltar ao local da âncora. Você vai perceber que apenas por voltar naquele ponto e dar um sorriso os presentes já irão automaticamente sorrir, pois você disparou a sua âncora que foi criada ali.

Quando você conhece o seu público, pode instalar âncoras em algumas pessoas específicas. Isso é ótimo, pois pode colaborar com os seus exemplos, e toda vez que precisa você volta ali e dispara a âncora novamente, pois o resultado é imediato. Mas cuidado ao fazer isso, é preciso que você conheça muito bem estas pessoas e seu público.

A minha dica é: utilize as âncoras com moderação e *vem comigo?!* Se um dia você já assistiu uma palestra minha, sabe que "...vem comigo" é uma âncora.

Deixe o Gostinho de Quero Mais

É preciso saber o momento certo de parar, de terminar! A sua aula, sua palestra ou sua apresentação deve ter um começo, meio e fim. O início deve ser pautado em uma bela introdução, que dará o tom da sua apresentação. O meio deve ser recheado de conteúdo que realmente agregue valor aos participantes. E o final, uma das fases mais importantes, deve ser realizado em um momento alto da sua apresentação, em um momento único, onde os participantes terão a sensação de querer mais.

Com certeza você já participou de apresentações muito boas, com um conteúdo belíssimo, e um apresentador excepcional, porém, por falta de domínio do tempo, ou por falta de saber o momento certo de finalizar, a apresentação começa a entrar em uma fase ruim, decadente, desinteressante, deixando uma marca negativa forte, fazendo com que os presentes esqueçam as fases anteriores e seja visto como um mau apresentador, ou um mau palestrante.

Dominar o tempo de uma apresentação é extremamente importante. Saber dividir o seu tempo de apresentação, os debates, as interatividades e as dinâmicas é um dos segredos do seu sucesso na didática corporativa. Você precisa saber o momento exato de finalizar os seus conceitos, preparar os participantes para as objeções que eles poderão enfrentar em relação ao assunto, prepará-los para utilizar de maneira adequada os resultados que irão alcançar. Nada pior que uma sensação de "correr *slides*" no final de uma apresentação e às vezes até "pular" alguns *slides* para cumprir o tema.

Quando você pula *slides*, seus espectadores veem o seguinte: ou a apresentação não foi feita para aquele evento e está sendo reaproveitada, pois existem lâminas em excesso, ou ainda, estavam ali para "encher linguiça" e não fazem falta. Nos dois casos, você está demonstrando despreparo e será julgado e avaliado pela forma como você finalizou a sua apresentação.

Peço a você que avalie com muito cuidado o seu conteúdo e o momento de terminar, pois você deve terminar no auge, no momento mais completo de sua apresentação. É importante que as pessoas percebam um nível elevado neste momento de término da sua apresentação. É fato que você será avaliado logo nos primeiros cinco minutos da sua apresentação, mas ainda será julgado pela forma como a termina – mesmo que inconscientemente - pelos seus espectadores. Quando você termina no auge, você surpreende. Quando você surpreende de maneira positiva, deixa sempre um "gostinho de quero mais", e será sempre bem-vindo em uma outra ocasião. Pense nisso!

A Sua Segurança é o Seu Sucesso

Não há nada pior do que um comunicador corporativo que não transmite segurança ao seu público ou sua equipe. Um líder ou gerente inseguro não é capaz de conquistar a confiança necessária para que seus membros executem funções focadas em um único objetivo. E tenha plena certeza, segurança é o que garante o seu sucesso em uma palestra ou apresentação, por exemplo, para um grupo de acionistas de uma empresa.

Pense comigo: segurança é garantia de pleno conhecimento sobre o assunto ou tema que irá apresentar. Você já assistiu a palestras ou apresentações e percebeu claramente que a pessoa está insegura? Que não tem certeza do que está falando? Que sensação você tem neste momento? De que está sendo enganado? Lesado? Ou que aquela apresentação não está lhe agregando valor ou conhecimento algum?

Não é simples conquistar uma plateia. Leva-se um determinado tempo! Tenho plena certeza em lhe escrever que você irá conquistar sua plateia se estiver plenamente seguro do que está fazendo, desenvolvendo, conduzindo e explanando. Se você ousar sentir uma pequena dúvida sobre seus pensamentos, suas ideias ou ainda como você irá explicar tal assunto ou sanar uma dúvida, perdeu o jogo da confiança! Ganhar confiança leva tempo, mas perdê-la se faz em minutos, ou melhor, segundos.

Portanto, você que busca uma melhoria constante na sua carreira profissional, fazendo com que a sua comunicação e sua oratória na empresa sejam um grande diferencial, deve a todo custo preparar-se muito com antecedência para qualquer apresentação. Dedique horas, dedique dias ou até meses preparando um belo trabalho. Não faça um trabalho comum, não faça um trabalho pequeno como muitos.

Faça a diferença! Pense grande e inove. Busque conhecimento profundo e amplo sobre o assunto que vai trabalhar. Pesquise fontes, autores, experiências anteriores. Pesquise os resultados que a empresa já conquistou a respeito do assunto. Não seja mais um na difícil tarefa da oratória. Destaque-se! Acredite que um esforço profundo de estudo e preparação lhe trará a confiança necessária para você garantir um trabalho sério e com resultados que serão elogiados.

Inspire confiança e vem comigo?!

Construa a Sua Imagem

Você já ouviu dizer que "uma imagem vale mais que mil palavras"? Quanto vale a sua imagem? Construa a sua imagem, pois ela possui impacto muito grande no seu trabalho! Estou aqui lhe escrevendo sobre sua imagem pessoal, sobre seu marketing pessoal, sua postura, sua conduta dentro e fora de uma sala de reuniões ou de um auditório. Congruência!

Quando você faz bem o seu trabalho, é elogiado. Elogiado pelo seu carisma, pela sua competência técnica, pela forma como você atende as pessoas e se relaciona com elas dentro do seu ambiente de trabalho. Você é elogiado pela forma como atende seus clientes e interage com sua equipe. Elogiado pelo respeito aos seus sócios e acionistas na empresa. Enfim, a sua imagem deixa uma visão muito clara de quem você é e como se comporta no ambiente empresarial.

Muitos comunicadores corporativos possuem uma postura que não é adequada e congruente, pois demonstram um determinado comportamento enquanto estão "atuando" no palco e outro fora dele. São ótimos profissionais, com uma capacidade de conhecimento incrível sobre um determinado assunto, porém, são pessoas de difícil relacionamento, com dificuldade de lidar com emoções e com pessoas em geral, mostrando ser uma pessoa que - após a apresentação do seu trabalho - não possui interesse em conversar e lidar com gente.

Outros apresentam uma imagem de profissional perfeita e competente, com valores que vão além da sua capacidade técnica, se destacando como um profissional com visão consciente de mundo. Porém, quando estão longe deste ambiente corporativo, longe das vistas de seus superiores ou de seus clientes, deixam de ser "atores corporativos" e voltam a ser pessoas normais, as quais não se preocupam verdadeiramente com os valores que "venderam". Dizem, mas não executam! Falam, mas não fazem! Você certamente conhece pessoas assim. Como é possível um palestrante que fale de sustentabilidade e aquecimento global jogar lixo pela janela do carro em pleno trânsito?!

Conheço belos profissionais que possuem uma postura muito polida, vestindo-se sempre de belos ternos, com uma linguagem focada em boa saúde, com costumes e atitudes de alguém preocupado com seus limites físicos. Mas, suas fotos nos sites de relacionamento na internet mostram exatamente o contrário. Lá as fotos com amigos bebendo cerveja na beira da praia e fotos com a "galera" no churrasco ou no carnaval não são condizentes com a imagem que este profissional vendeu.

Saiba que quando você "vende" uma imagem ela é acreditada pelas pessoas. Principalmente se você demonstra isso com convicção e garantia de verdade. Assim, você precisa e deve ter uma imagem e uma postura congruente com as suas palavras enquanto profissional. Sei que muitas pessoas irão sempre dizer que devemos separar o lado pessoal do lado profissional. Porém, acredite: quanto você mais cresce na sua carreira, mais você aparece. Quanto mais você aparece, mais você se torna uma figura pública, a qual vai despertar interesses no mercado. Assim, a sua imagem precisa ser a mesma, séria e condizente com a que você vende e representa na empresa.

Lembre-se que você vai encontrar clientes, alunos, membros da equipe na praia, no clube e no shopping, e aquela foto com a tulipa de chope na sua mão, abraçado e rindo com os amigos, pode ser a sua nova imagem estabelecida. E você não quer ouvir aquela frase: “Nossa! Como você está diferente?!...”

Vista-se Adequadamente

Obviamente você tem um estilo de ser, um estilo de se vestir, condizente com a sua capacidade de investir em roupas que são adequadas ao seu padrão de vida, ou condizente com os valores que você dá as suas roupas e acessórios. Não iremos aqui nos aprofundar em regras de etiqueta ligada a moda, mas sim um pouco de etiqueta corporativa que irá garantir uma imagem mais profissional e adequada no ambiente empresarial.

Homens erram menos quando usam um belo terno. Mulheres também, quando vestem um terninho. Eu sempre sugiro aos meus clientes quando estou trabalhando com eles sobre normas de etiqueta corporativa que eles ou elas devem usar um terno simples, pois, na dúvida, uma gravata dá um tom de elegância e seriedade ao mesmo tempo. O problema está quando nos vestimos exageradamente ou de uma maneira totalmente contrária ao nosso público.

Você já conheceu vários consultores que foram visitar a sua empresa e, vestindo-se de terno e gravata, praticamente foram "cozinhados" pelo calor dentro de suas becas impecáveis quando visitavam a produção da fábrica ou o pátio de manobras na expedição. É preciso estar adequado para o dia, o clima, o ambiente e principalmente o seu público. Quando você for apresentar uma palestra para operários de uma fábrica, jamais se vista com tamanha formalidade. Uma calça jeans escura, uma camisa alinhada e talvez um blazer simples e claro irão garantir sua seriedade e você não estará tão distante do seu público.

Pense sempre como seu público estará vestido. Pesquise a respeito, caso você não saiba. Obviamente você jamais deve ir de camiseta ou camisa polo. Para homens, a sugestão é sempre uma camisa de manga longa, jamais uma camisa de manda curta - a qual não é adequada para o ambiente corporativo. E jamais uma camisa com gravata e sem o paletó do terno. A gravata é um acessório que será utilizado no ambiente corporativo sempre acompanhado de um paletó. Sei que você já frequentou ambientes onde os homens usavam camisas de manga curta e com gravatas! Pois é...

Hoje existe uma tendência por tudo aquilo que é simples, pois o que importa é o resultado. Lembra-se de como se vestia Steve Jobs – um dos maiores gênios da informática, empresário, falecido em 2011 -, em suas palestras de apresentação de seus produtos da Apple? De tênis, jeans e camisa preta de manga longa – simples assim! E estava muito bem vestido para a ocasião. Cuidado, pois sofisticação e exagero não garantem resultados. Pesquise a diferença entre ser simples e ser simplista!

Existem ótimos livros e revistas que nos apoiam na melhor maneira de nos vestirmos no ambiente corporativo. Leia, pesquise, busque apoio. Para as mulheres, um salto muito alto, um volume exagerado de acessórios, cores e joias, bem como um perfume muito forte, podem criar uma imagem pejorativa e, dependendo da situação, cômica. Existem homens de negócios muito bonitos, e mulheres lindas, mas o que você vende neste momento é a sua imagem ligada à sua competência de trabalho, a não ser que você seja um modelo ou uma modelo fotográfica que está atuando no mercado corporativo.

Um cabelo bem arrumado para as mulheres, um brinco discreto, uma barba feita para os homens e as unhas devidamente aparadas são suficientes para causar uma boa impressão. Unhas coloridas (azul, verde, amarela etc.) para as mulheres podem não pegar bem. Para os homens, unhas feitas e com uma camada de base, para algumas regiões do Brasil, também não são bem-vindas.

Obviamente, o ser humano preocupa-se cada vez mais com a sua vaidade, com a sua maneira de se vestir e de se apresentar. Tenha sempre uma imagem ligada ao seu ambiente corporativo. Na dúvida, use um pouco de formalidade, adequando-se ao modo como os seus superiores se vestem. Cuidado com o chamado *casual day* nas sextas-feiras, pois não é o dia do desleixo e sim de se vestir de maneira mais despojada, mas sem perder a elegância de um profissional que trabalha em um ambiente corporativo.

Estamos hoje vivendo a era das tatuagens. Homens e mulheres tatuam-se como nunca, deixando marcas que comprovam seus valores, suas ideias e suas crenças. Não sou contra! Peço apenas bom senso ao deixá-las à mostra. É bem provável que meus clientes jamais viram a minha tatuagem.

Lembre-se, você é um ser ambulante e falante que possui uma imagem que precisa ser zelada. Seja você! Não se esconda, mas cuidado com os excessos. Eu confio no seu bom senso e no seu caráter. Mas, infelizmente, as pessoas o julgam pela imagem. Portanto, cuide-se!

Gere Resultados Práticos

Você já teve a sensação de participar de um evento, de um congresso, de uma palestra e ao sair percebe que perdeu tempo, que em nada agregou no seu conhecimento e que nada do que foi apresentado será útil para o seu dia a dia pessoal ou profissional? Isso é péssimo quando acontece, e acontece muito!

É com esta preocupação que escrevi este capítulo para que possamos refletir juntos sobre o assunto, pois acredito que a sua apresentação sempre deve gerar resultados práticos para quem participa. A sua apresentação deve entregar ferramentas práticas, visando encontrar possibilidades e soluções para quem participa.

Nós é que somos responsáveis pela nossa comunicação, portanto, é muito importante que os participantes de uma reunião ou uma palestra tenham as suas expectativas alinhadas com o objetivo da nossa apresentação. É preciso que este trabalho seja feito preliminarmente, pois assim iremos ajustar a nossa apresentação diante da necessidade do mercado, do evento e do público de maneira geral. Esta estratégia já garante em parte a consecução de alguns resultados.

Antes da sua apresentação tenha sempre em mente os objetivos reais que os participantes estão buscando. Tenha uma visão clara do que eles desejam, o que buscam, o que procuram. Caso você for fazer uma apresentação sobre um novo produto, um novo serviço, algo ainda desconhecido pelo mercado, toma-se necessária uma pesquisa de alguns indicadores e expectativas a respeito do assunto. Obviamente a sua área de marketing pode apoiá-lo lhe fornecendo pesquisas e ferramentas necessárias para que você não seja pego de surpresa.

É muito ruim quando ocorre a divulgação de um grande palestrante de nome como âncora de um evento, e antes da apresentação dele, os participantes são obrigados a assistir palestras técnicas sobre computadores e equipamentos, ou sobre softwares e soluções tecnológicas que visam resolver todos os problemas da empresa. Ou seja, os participantes se dão conta que foram convidados para participar de um tipo de evento, e chegando no local percebem que ele tem um cunho comercial e o palestrante era apenas o grande chamariz. É preciso que a divulgação do evento deixe claro o que será apresentado, para que o resultado gerado seja o esperado pelo público. Cuidado ao expor a sua imagem em um acontecimento deste.

Quando me preocupo que a sua palestra ou apresentação deve trazer resultados práticos, é para que você faça então uma pesquisa sobre as necessidades e dúvidas do público que irá assisti-lo e garanta que você irá apresentar os resultados esperados por este público ao longo da sua apresentação. Entregue ferramentas que poderão ser utilizadas segunda-feira na empresa. Entregue soluções práticas. Apresente como fazer. Apresente o passo a passo. Dê o caminho! Não deixe seus espectadores mais perdidos do que quando chegaram.

Utilize Dinâmicas e Vivências Práticas

Uma boa apresentação, reunião ou palestra não deve ter o mesmo ritmo e o mesmo tom do início ao fim. Muitas apresentações se iniciam em uma determinada velocidade e terminam na mesma velocidade. Ou seja, não existe nada durante a palestra ou reunião que gere uma interatividade com o público, ou que ofereça uma nova dinâmica, mudando o ritmo da apresentação. Você ouve o palestrante durante uma ou duas horas falando na mesma posição, com o mesmo tom e timbre de voz, na mesma intensidade e velocidade. Aí você dorme!

Um dos grandes segredos da didática corporativa está nas chamadas "dinâmicas". O nome já diz tudo, são atividades dinâmicas que devem ocorrer em determinados momentos em sua apresentação com o objetivo de criar uma interatividade entre você, o assunto e os participantes. A participação das pessoas garante o aprendizado, quebra o clima e o ritmo, gerando um evento mais intenso e participativo.

Acredito no método de ensino aprendizagem, em que você é responsável por 50% do processo e os outros 50% são de responsabilidade da plateia. Para isso, você deve promover os 50% da participação das pessoas, fazendo o uso de dinâmicas e vivências práticas. Quando você envolve as pessoas ao invés de apenas usar a sua voz para explicar um assunto ou tema, você faz com que as pessoas se motivem. O envolvimento garante uma maior atenção e a participação ou vivência comprova o aprendizado. E, assim, tudo se torna muito simples e prático.

Você pode promover uma dinâmica na sua palestra, aula ou reunião de diversas formas:

1. Individual
2. Com todo o auditório
3. Com um pequeno número de pessoas
4. Em grupos

Eu chamo de "dinâmica individual" aquela em que convido alguém da plateia para vir para frente comigo e assim crio um exemplo prático do tema que estou apresentando ou argumentando, utilizando a pessoa para representar junto comigo o exemplo, ou ainda debater o assunto, ou ouvir a sua opinião. Enfim, uma forma simples de interatividade onde se quebra o clima da palestra.

Já a "dinâmica com todo o auditório" é aquela em que você pode pedir, por exemplo, para todos se levantarem, para executar alguma atividade junto com você. Ou seja, são formas de dinâmica nas quais você envolve todo o auditório.

O que eu chamo de "dinâmica com um pequeno número de pessoas" é muito utilizada para exemplos bem específicos, em que é difícil você locomover muitas pessoas no auditório, e assim, escolhe ou sugere um pequeno grupo de pessoas, que virão para a frente com você e juntos executarão algumas atividades ou tarefas para exemplificar o assunto que você está explicando.

Por fim, o que eu chamo de "dinâmica em grupos" é quando você consegue dividir toda a plateia em pequenos grupos, de cinco a dez pessoas, e estes irão executar tarefas predeterminadas, buscando a interação entre as pessoas do grupo e assim você exemplifica na prática e obtém os resultados que deseja com o assunto que está abordando.

O fato é que todas estas formas de dinâmicas, sejam individuais, em grupos, ou com um determinado número de pessoas, garantem uma maior interatividade com o seu espectador. Ao invés de ficar o tempo todo só falando e a sua plateia ouvindo, você garante de uma forma planejada e organizada a participação de uma grande maioria.

Outra forma extremamente eficaz e dinâmica é instigar debates. Eu costumo chamar de "caos controlado", pois de certa forma, quando percebo que existem opiniões diferentes sobre o mesmo assunto na plateia ou no grupo, propositalmente abro um debate, colocando uma opinião diante da outra, não tomando um partido, e articulando as discussões de uma forma extremamente sadia até que toda a plateia consiga encontrar um acordo ou um consenso, criando assim uma forma inovadora de interatividade em que a participação dos debatedores cria uma nova forma de pensar, de agir e talvez até uma nova solução para o assunto. Obviamente você precisa de muito bom senso, cuidado e aprofundamento necessário no assunto para correr tal risco, pois neste momento você realmente promove um certo caos. Mas o resultado é surpreendente, porque se cria uma forma de interatividade e dinâmica muito boa. É importante ainda que você saiba o momento de retomar, e mantenha-se sempre no controle. Jamais perca o controle!

Existe ainda uma outra estratégia a qual utilizo muito para oferecer ao meu público uma palestra ou apresentação dinâmica e interativa. Eu troco as pessoas de lugar, bem como suas cadeiras durante a palestra! Ou seja, sempre ao iniciar uma palestra, uma aula ou uma apresentação as cadeiras provavelmente estão em formato de auditório, em linhas e colunas alinhadas. Assim eu sigo um determinado tempo. No momento planejado ou quando necessário para incrementar a dinâmica da apresentação, eu aplico uma dinâmica, na qual necessariamente as cadeiras são alteradas de lugar (pelos próprios participantes), e quando voltam para continuar a assistir a minha apresentação eu sugiro outro formato, por exemplo, em "U" para todos na sala se verem de frente, aumentando assim a interatividade dos presentes. Obviamente para você propor mudanças desta forma é necessário que você conheça antecipadamente o local, para verificar a possibilidade de mudanças, bem como o espaço disponível. Ouse mudar! Inove.

Existem alguns profissionais de comunicação e alguns palestrantes que acreditam que estas estratégias que estou lhe apresentando são uma loucura total, pois "bagunçam" o auditório, fazem as pessoas falarem demais e se perde a seriedade. Pensam assim, pois temem perder o controle, não se arriscam e obviamente não inovam! Vem comigo?! Vem comigo, pois eu garanto que você será elogiado pelo seu estilo dinâmico de trabalhar.

Em todas estas formas de dinâmicas é preciso que você tome muito cuidado para não expor as pessoas. Cuidado com valores e crenças!

As Besteiras do Linguajar Corporativo

Muitos profissionais adoram falar difícil, adoram utilizar um linguajar corporativo denso e complexo, utilizam de maneira exagerada um vasto volume de palavras técnicas com o objetivo de mostrar poder e sabedoria superior. Quantas vezes você já participou de uma reunião com um gerente ou um chefe superior na qual ele utilizou em seu vocabulário palavras "chiques" mas de difícil compreensão? Com certeza a comunicação dele com você e sua equipe não foi das melhores.

Quando utilizamos um vocabulário que não é adequado ao público com que iremos nos comunicar, conseguimos tudo, menos nos comunicar corretamente com este público, pois, neste momento, é bem provável que muito da nossa comunicação ficou perdido pelo uso excessivo de um palavreado complexo. Eu mesmo sou adepto do vocabulário simples e direto. Obviamente, você precisa ter bom senso para saber a forma correta de falar com um líder de fábrica ou um encarregado de transportes, bem como um coordenador de operações, ou gerente de marketing. E ainda um outro vocabulário para lidar com os seus diretores ou acionistas de uma empresa.

Prepare-se, estude a nossa língua portuguesa, que é complexa, cheia de "pegadinhas" – principalmente agora com a nova ortografia brasileira. Busque adequar constantemente o seu linguajar. Sugiro que você ganhe um tempo em qualquer comunicação ouvindo primeiro, assim, tem tempo para "calibrar" os seus ouvidos e preparar o seu vocabulário!

Existe ainda um volume gigantesco de palavras no linguajar corporativo que eu classifico como "grandes besteiras", ou seja, são palavras nem tão difíceis assim, mas que da mesma forma deixam a comunicação falha, fraca e sem fundamento. São palavras bonitas de serem ditas, que muitas vezes escondem um conhecimento mais profundo e correto sobre um determinado assunto. Por exemplo: alinhamento, networking, sustentável, estratégico, integrado, sistêmico, sinergia, agregar etc.

Seja o Primeiro a Chegar e o Último a Sair

Certa vez, tive a oportunidade de participar de um megaevento em São Paulo, onde eu estava ansioso para ver ao vivo um grande palestrante de renome internacional. Para minha surpresa, ao chegar à entrada do auditório que comportava mais de 3 mil pessoas, meu palestrante favorito estava na porta cumprimentando um por um que passava por ali. Obviamente fiquei surpreso! Atônito. Mas era ele sim. Rapidamente entrei na longa fila que se formou em uma das portas do auditório e recebi o seu aperto de mão. Aquele gesto me marcou...

Ao término da sua palestra, o que já não era mais surpresa, ele se sentou à beira do palco, e ali ficou conversando com quem se aproximava. Naquela época eu estava iniciando no mercado corporativo, com o meu pobre Inglês de consultor júnior, consegui um autógrafo no seu livro – o qual guardo até hoje. Passada uma meia hora, o palestrante foi um dos últimos a deixar o auditório, andando e conversando com as pessoas que ali ainda estavam presentes.

Lembro-me deste fato como se fosse hoje. Eu trabalhava como consultor para algumas empresas nacionais e multinacionais, e nem imaginava ainda trabalhar como palestrante e conferencista, mas, de alguma forma, o carisma contagiante daquele palestrante me deixou comovido por algum tempo. E hoje, em meus trabalhos e minhas apresentações, sou sempre o primeiro a chegar ao local do evento, seja nos auditórios nas empresas de meus clientes, seja em centros de convenções nas conferências de que participo ou em uma aula na pós-graduação. Faço questão de ser o primeiro a chegar, conferir o sistema de som, a iluminação, a apresentação e rapidamente me coloco na porta, onde busco cumprimentar um por um que entra no auditório. E o mesmo faço ao final de minhas palestras.

Sim, copiei o meu palestrante preferido da época. Uso a sua postura como um exemplo a ser seguido, e vejo nitidamente o resultado que obtenho com tal estratégia. As pessoas sentem a necessidade de estar perto de você. Quando você se mostra acessível, se mostra uma pessoa normal, inserida no mesmo meio, no mesmo contexto, com as mesmas dificuldades, os mesmos desafios e os mesmos problemas a resolver. Assim, você já inicia a interação com o seu público logo na entrada. É uma bela forma de criar empatia e ganhar a confiança das pessoas.

Conheço "palestrantes show", verdadeiros atores, que a inacessibilidade os coloca em um patamar elevado como um ícone diferenciado e de difícil acesso. Pura arrogância! Pura besteira, pois tal estratégia, já ultrapassada, afasta as pessoas, criando um certo mistério e brilhantismo no ar que não tem fundamento e não faz mais sentido no mercado corporativo, em que as pessoas precisam de apoio e buscam conhecimento com quem realmente faz a diferença!

O Assunto Técnico é Pura Consequência

Costumo dizer aos meus alunos e empresários quando os treino na didática corporativa para conduzirem suas equipes que o assunto técnico é pura consequência. É o segundo plano. É o pano de fundo. Acredito que o assunto técnico está inserido em um segundo contexto por trás de um belo trabalho de comunicação, oratória, persuasão, dinâmica de palco e condução de pessoas por meio da sua linguagem.

Não estou dizendo que você deve negligenciar o seu conhecimento técnico no assunto em que for apresentar, muito menos ignorar o seu estudo a respeito do assunto, mas, garanto para você que a sua didática e a sua abordagem na comunicação é que lhe darão os devidos créditos.

Quando você se destaca como um belo comunicador corporativo, pode até ser que cometa alguns deslizes técnicos e estes serão compreendidos pelo seu público, que lhe dará a chance de você errar e corrigir o seu erro. A sua comunicação é tão efetiva, dinâmica e interativa, que mesmo que cometa pequenos vacilos técnicos você será perdoado.

O contrário, porém, é duro e severo. Com o professor ruim de didática, o gerente com uma comunicação ruim e o palestrante ruim de oratória, as pessoas começam a avaliar e julgar tudo o que ele está falando com menos tolerância a erros, e qualquer vacilo coloca a perder todo o trabalho e a sua apresentação.

Lembra-se da aula daquele professor na faculdade? Aquele que possuía um conhecimento profundo e avançado no assunto? Porém não sabia como expressar isso aos seus alunos? Era intolerante. Era antissocial, ríspido e às vezes até sem educação. Ou aquele professor que nem olhava nos olhos dos alunos por timidez, e assim não dava a eles a segurança necessária para que aprendessem.

Tenho grandes amigos pós-graduados, com títulos de mestres, doutores e alguns até pós-doutores. Passaram anos estudando e se especializando. Passaram anos trabalhando em grandes universidades brasileiras como pesquisadores respeitados, publicaram belíssimos projetos e artigos em congressos internacionais. Mas, quando vão para a sala de aula para ensinar, acontecem verdadeiros desastres.

No mercado corporativo não há mais espaço para trabalhos malfeitos, para profissionais medíocres ou aventureiros. Portanto, é necessário que você busque o máximo de capacitação possível, investindo o seu tempo e o seu estudo nas suas habilidades de comunicação, de persuasão, desenvolvendo uma didática simples e objetiva, procurando sempre interagir com o seu público, criando a empatia necessária.

Crie um Diferencial. Inove!

O que o faz diferente? Qual o seu diferencial? O que coloca você à frente do seu mercado, à frente da maioria das pessoas? O que faz com que o mercado reconheça o seu trabalho como inovador? Qual é o seu verdadeiro diferencial competitivo? Em que você se destaca? É preciso que você faça diferente. É preciso que você faça a diferença!

Destaco aqui seis palavras de ordem com as quais acredito que você deve basear o desenvolvimento da sua diferenciação: 1) criatividade, 2) relacionamento, 3) comunicação, 4) empatia, 5) colaboração e 6) carisma.

Primeira: seja criativo sempre. Busque criar sempre algo novo. Teste, invente e inove. Ajuste, faça as mudanças necessárias. Sinta os resultados e crie novamente. A capacidade de criação do ser humano é praticamente infinita. Nunca subestime a sua capacidade de criação. Não tenha limites. O céu é o seu limite! Busque a criação a todo momento. Encontre uma possibilidade de algo novo em tudo o que você vê e escuta. Aproveite todos os acontecimentos para criar algo novo, algo desafiador. Sempre positivo.

Segunda: desenvolva relacionamentos. Seja uma pessoa bem relacionada. Fortaleça o seu networking de uma maneira sadia. Esteja perto de pessoas que o apoiem. Esteja ao lado de pessoas que o ajudarão a crescer, que tenham sintonia com o que você busca e deseja. Afaste-se definitivamente de todos os que o colocam para baixo ou que o deixam para trás. Fique longe das pessoas medíocres, das pessoas que reclamam de tudo. Afaste-se das pessoas que falam mal de outras pessoas. Seja humilde, conquiste a verdadeira amizade, seja sincero, direto e verdadeiro. Seja simples e conquiste relacionamentos profissionais e pessoais duradouros. Um dos grandes segredos da didática corporativa está na sua capacidade de se relacionar bem com as pessoas e estas desejarem estar sempre ao seu lado! Conquiste seguidores.

Terceira palavra de ordem: a comunicação. Acredito infalivelmente que a comunicação é o grande desafio do homem moderno. Informação você tem a todo o momento, em todo lugar e de várias formas. Porém, interpretar estas informações, transformá-las em conhecimento que agregue valor e repassar este conhecimento aos demais fazem de você um homem ou mulher de destaque no mercado corporativo. A sua capacidade de comunicação, seja com um único funcionário da sua equipe ou com um auditório lotado, é que mostra verdadeiramente a sua capacidade de influenciar pessoas e se diferenciar no meio de tantos outros.

A quarta: empatia. Aqui está um dos seus grandes desafios, colocar-se no lugar das pessoas não é fácil, pois pode pôr você à prova dos seus próprios valores e crenças. É preciso colocar-se no lugar dos outros para que você entenda melhor as pessoas, suas necessidades, seus anseios e assim passe a agir e atendê-las da melhor maneira possível, buscando inovação e diferenciação na sua capacidade de empatia.

Acredito que o pior tipo de profissional é aquele que ignora por completo as pessoas. Quando você negligencia alguém, uma opinião, um fato criado por uma pessoa, por mais simples e idiota que possa parecer para você o que viu ou ouviu, tenha plena certeza que se trata de um ser humano dotado de coração e mente pensante. Como já dissemos aqui neste livro, na prática é muito difícil separar razão da emoção. Portanto, dê valor às emoções, às crenças e valores das pessoas, sem críticas ou julgamentos. Antes de falar ou impor algo às pessoas, coloque-se no lugar delas. Empatia! Pense sempre na cabeça do outro ou dos outros.

A quinta é a colaboração. Muito se fala de mercado colaborativo, mas pouco se faz a respeito, porque na maioria das vezes as pessoas não são colaborativas. Possuem verdadeiro medo de transmitir informações, pois isso as diferencia, isso as torna poderosas porque detêm informações privilegiadas. Quando você se mostra uma pessoa colaborativa, as pessoas buscam em você um tipo de parceiro ideal, pois a sua abertura para prestar apoio e estar sempre à disposição faz com que as pessoas busquem segurança na sua figura. Estar disponível e prestar o apoio necessário fazem de você uma referência!

Por fim, a última palavra de ordem, senão a mais importante delas, é o carisma. Uma pessoa carismática é aquela que está sempre com um sorriso no rosto. Está sempre rodeada de outras pessoas. O carismático conquista multidões, conquista a confiança das pessoas. Com carisma, é possível agradar sua equipe, seus diretores e sua plateia de uma maneira extremamente diferenciada.

Cara feia é fome! Foi o tempo em que cara feia era sinônimo de poder ou para impor respeito de cargo e função. Cara feia para mostrar poder já era! Cara feia só afasta as pessoas. Não existe carisma de cara feia! Eliminar a cara feia, fechada, trunfada faz de você uma pessoa agradável, acessível e carismática.

O carismático cativa as pessoas. Busque o carisma na sua essência! Não mude o seu jeito de ser, busque criatividade, desenvolva bons relacionamentos, seja comunicativo, busque empatia e colabore. Vem comigo?!

Seja Autêntico até nas Imitações

Tenha um mentor, tenha um mestre, espelhe-se em pessoas de sucesso! Busque na sua carreira profissionais que são formadores de opinião, que são referência. Quando você encontra um mentor, você estuda a sua trajetória. Estuda como ele chegou ao topo, como venceu os desafios e como conquistou o seu sucesso. Basicamente, se fizermos as mesmas coisas, seguirmos exatamente os mesmos passos, em um contexto muito parecido, as chances de obtermos os mesmos resultados são grandes. Portanto, pare e pense agora e espelhe-se em alguém.

Mas, cuidado, pois existe um limite! Não saia imitando o seu ídolo, pois você pode se transformar em uma caricatura que não é sua, transparecendo uma figura pejorativa, e a imitação ficará tão evidente que você será motivo de deboche.

É preciso autenticidade, e eu acredito que você que chegou até este ponto do livro está buscando e trilhando uma carreira de sucesso na arte de se comunicar com pessoas, principalmente no mercado corporativo. Portanto, seja sempre você! Seja autêntico. Você pode imitar, mas sem perder a sua essência.

Essência é aquilo que é só seu, sua origem, sua missão, seu foco, seu destino planejado. Essência é tudo aquilo que é impossível os outros tirarem de você, pois está oculto dentro das suas atitudes, engrandecido dentro de suas habilidades e trabalhado demasiadamente dentro das suas competências. É na sua essência que está a sua autenticidade.

Sempre que busco me espelhar em um profissional de sucesso, encontro nele características que não tenho, mas que possuem relação direta com a minha essência, com os meus valores, com as minhas crenças. Sabemos que o ser humano é dotado de crenças e valores. E este sistema de crenças é um emaranhado de experiências, visões, audições e sensações que você absorveu ao longo de sua vida, fazendo-o acreditar que suas crenças são verdades absolutas e imutáveis. E assim, todas as vezes que uma crença sua é desafiada, é desafiado um valor seu. Mas, quando se chega na sua essência, o seu sistema de crenças se ajeita e o seu bom senso lhe traz a autenticidade.

Penso isso porque acredito que todos nós devemos nos espelhar em alguém. Seja em Jesus Cristo ou Steve Jobs. Mas seja único e verdadeiramente autêntico. Não se perca! Mas também não se limite!

Quando tratamos de autenticidade, paralelamente podemos tratar do seu estilo. Sua maneira de pensar, de ser, de servir, de falar, de agir. Por onde anda? O que você come? Onde mora? Como você se veste? É bem provável que você é muito parecido com as pessoas com que se relaciona. Já parou para pensar que o seu grupo de amigos geralmente bebe a mesma coisa, veste-se de maneira parecida? O seu grupo provavelmente frequenta os mesmos restaurantes, a mesma academia. E assim você forma o seu estilo de vida. Imitamos e seguimos as pessoas e assim nos igualamos à maioria. Tenha um estilo! Mas, tenha um estilo próprio.

Você, como um profissional que está estudando seus limites e competências na didática corporativa, buscando a todo momento encontrar ferramentas e maneiras de poder lidar melhor com a sua equipe na empresa, ou expressar-se melhor com a sua diretoria, ou ainda negociar melhor com os seus sócios, ou com seus alunos, precisa deixar claro para as pessoas qual é o seu estilo de vida, pois elas terão você como uma referência. E é obvio que, como uma referência, você está exposto. Seus valores são seus valores. Suas crenças estão embutidas na sua comunicação e o seu estilo de vida faz parte de um cenário completo que o cerca. Tenha então plena certeza de estar congruente com o seu trabalho, pois dizer uma coisa e transparecer outra não é nada bom, não é?

Haja Sempre como um Líder

Em um mercado altamente competitivo, inovador e agressivo, as empresas necessitam de pessoas qualificadas para alcançar resultados cada vez mais audaciosos. Os resultados em aumento de vendas, ganho de produtividade e redução de custos são atingidos quando a empresa investe na preparação de seus líderes. Liderar sem foco não faz o menor sentido! A liderança corporativa moderna deve estar focada obrigatoriamente em resultados concretos e palpáveis. O comunicador corporativo obrigatoriamente é um líder! Não acredito que você domine uma sala de aula ou um auditório sem uma habilidade de liderança.

O líder é capaz de desenvolver novas competências e atitudes que favoreçam o trabalho colaborativo, transformando-as em equipes de alto desempenho. Alto desempenho significa a capacidade de superar as próprias expectativas, sob comando e controle das situações, atuando em cenários complexos e sob pressão.

O mercado pede resultados. Assim, a liderança focada em resultados inspira e instiga seus liderados na superação de suas metas, desenvolvendo a constante capacidade de inovação de ideias.

A sua didática e a forma como você irá trabalhar como um orador deve, a todo momento, cruzar estes valores. A criatividade é o ponto forte desta abordagem. Inspirar a equipe em momentos de calmaria na empresa ou de tranquilidade no mercado pode ser uma tarefa simples. Porém, motivar equipes em momentos difíceis é o desafio. Em momentos de crise, seja da empresa ou relacionados ao mercado, as emoções estão explicitamente alteradas, os níveis de estresse estão altos devido aos prazos e urgências nas tomadas de decisões. Em um auditório o cenário é o mesmo!

Nestes momentos, o palestrante líder deve preparar o seu auditório para as situações difíceis. Deve atuar como um treinador que apoia a equipe, na figura de um promotor constante do desenvolvimento de criatividades para inovação e busca de soluções nos momentos mais críticos. É preciso que a liderança focada em resultados busque o desenvolvimento humano e o alinhamento da transformação de sonhos pessoais em metas concretas para cada membro da equipe. O líder deve rapidamente perceber e ajustar os interesses pessoais com as metas e objetivos da empresa e fazer o alinhamento necessário, caso contrário, perde facilmente o poder de motivação das pessoas.

Assim, na qualidade de líder, deve atuar como um solucionador de problemas. Deve possuir suficiente determinação, persistência, entusiasmo e capacidade de fazer pessoas entrarem em ação com criatividade e inovação de ideias. O líder deve buscar na sua liderança, independentemente das circunstâncias, uma visão comum, focada em direções únicas e centradas nos objetivos a serem alcançados, intermediando e fornecendo um ambiente seguro, proporcionando interações entre as pessoas, fazendo com que os resultados sejam alcançados com o esforço justo, sem desgastes e sem desperdícios de tempo e recursos.

Por fim, deve trabalhar a excelência como um processo contínuo, melhorando a cada dia o relacionamento interpessoal da equipe e a comunicação assertiva e eficaz. Enfim, paixão para trabalhar com e para as pessoas!

Professor Ouve, Aprende e Ensina!

O profissional inteligente é aquele que ouve. É aluno, é discípulo e é seguidor. Antes de fazer os outros o seguirem como um líder na comunicação, é preciso desenvolver a sua capacidade de discípulo seguindo sempre o seu mentor. Você precisa trabalhar sempre com quem sabe mais do que você! É preciso desenvolver o que chamamos de escuta ativa. Desenvolver a capacidade de ouvir atentamente mais do que falar. Por que será que temos dois ouvidos e apenas uma boca? Falamos muito mais do que ouvimos. Aqui está o nosso erro!

O meu mentor chama-se Antônio Vicente Golfeto, aqui em Ribeirão Preto há mais de 40 anos um professor, comunicador, pesquisador, escritor, entusiasta e amigo. Golfeto me ensinou que o verdadeiro líder comunicador precisa desenvolver a sua capacidade de aprender para depois desenvolver a sua capacidade de ensinar. É uma consequência óbvia, na qual muitos pulam etapas. Golfeto estuda a origem das palavras. A palavra "ensinar" tem sua origem relacionada à palavra *doceo,* do latim, da qual deriva DOCENTE. Aprender vem de *disco* (pesquisar), que dá origem a disciplina, discordar, discrepar, discriminar, discernir, discursar, discorrer e por fim discípulo. Essas são algumas das atitudes comportamentais em que você deve focar. O professor que não transmite conhecimento é um medroso e considerado um inseguro. Você deve atuar como um professor!

"Professor é aquele que transforma um assunto importante em um assunto interessante."

(Vicente Golfeto)

Seja Disponível

Conheço palestrantes e instrutores que, ao término de suas palestras, divulgam seus contatos pessoais, como e-mail e telefone, se mostrando disponíveis e acessíveis para um contato posterior. Porém, nem sempre as pessoas conseguem acesso a este profissional que, ao invés de facilitar, dificulta. Alguns profissionais acreditam que dificultar o acesso lhes dará a chance de se mostrarem mais importantes, "vendendo" uma falsa visão de que são muito requisitados.

Sempre ouço dos meus alunos e clientes que muitas vezes, após uma reunião com um consultor, uma apresentação com muitos palestrantes, ou instrutores de cursos corporativos, jamais recebem um retorno de um e-mail enviado. E quando o contato é feito por telefone, a secretaria "filtra" o contato e o profissional não dá retorno.

Isso é péssimo, pois ao divulgar o seu contato no final de uma palestra, por exemplo, é preciso que você realmente seja e esteja disponível para atender as pessoas que irão procurá-lo. O fato de o procurarem é um ótimo indicador, pois comprova que você se tornou uma referência no assunto e há interesse em contatos posteriores. Mas, prometer um contato posterior e não cumpri-lo passa uma visão de negligência, de desdém, de falta de interesse pela necessidade do outro.

O simples fato de você responder a um e-mail, retornar uma ligação ou em alguns casos até fazer uma visita, demonstra total interesse pelas necessidades das pessoas ou da empresa. Tal atitude irá gerar novas possibilidades de negócios, novas palestras, ou seja, novas contratações de trabalho.

Alguns profissionais, equivocados, selecionam seus contatos, julgando pela aparência ou o visual da pessoa, ou pelo tamanho ou porte da empresa. Sei que em determinados momentos o seu bom senso vai saber discernir quais são os clientes que realmente agregam valor ao seu negócio. Mas, mesmo assim, a atenção ao final de um evento ou ainda um retorno após um contato é primordial.

Quando você troca um cartão com alguém no final de uma convenção, por exemplo, é porque aquela pessoa se interessou pelo seu trabalho. No mínimo, um e-mail confirmando o seu contato você deve enviar. Basta um e-mail simples, agradecendo a presença no evento, agradecendo o interesse pelo seu trabalho. Você pode ainda aproveitar a oportunidade para indicar um determinado artigo publicado em seu blog ou em uma outra mídia digital.

Dou sempre a dica aos meus clientes de que, ao receberem um cartão, anotem atrás dele duas ou três palavras que os façam lembrar do assunto que falaram com a pessoa na troca de cartão. Assim, no momento em que você for enviar o e-mail mantendo o contato, gentilmente "lembra" da conversa com aquela pessoa e obviamente ela fica surpresa com a sua lembrança e atenção prestada.

Vale a pena você investir sempre na sua imagem, zelando por ela mesma não apenas no momento em que estiver realizando o seu trabalho, mas sim em todos os contatos posteriores. Trabalhe sempre a sua rede de contatos. O seu networking é sua grande ferramenta de marketing.

Fatores-Chave de Sucesso

São fatores-chave no processo de conduzir pessoas por meio da comunicação os pontos de maior relevância e atenção de um verdadeiro orador corporativo. O primeiro a destacar é a divisão de trabalho. Cabe a você, quando possui uma equipe para liderar, saber dominar a arte de delegar tarefas, atribuir objetivos claros, dividindo os trabalhos de acordo com as competências individuais, focando sempre o resultado do grupo. Cabe ainda jamais esquecer os objetivos fins da corporação, bem como o cumprimento das normas, filosofia, visão e missão da empresa. O alinhamento estratégico do negócio deve estar cravado na sua mente e consequentemente da sua equipe.

Já os fatores críticos de sucesso são aqueles pontos de gerenciamento pessoal, os quais podem colocar qualquer projeto seu a perder. Os fatores críticos, bem trabalhados, garantem o sucesso dos projetos em que as equipes estão envolvidas. Você deve garantir a dedicação de seus liderados em cada fase e em cada atividade de um projeto, uma vez que o desalinhamento de apenas um membro da equipe pode colocar todo o projeto a perder.

É ainda fator crítico em todo este processo de comunicação trabalhar com as adversidades. Você irá sempre se deparar com opiniões diversas e muitas vezes contraditórias. Lidar com as emoções fortes, com as pessoas de difícil relacionamento são fatores de total relevância, uma vez que essas emoções podem influenciar todo o grupo.

Cabe a você liderar as pessoas. A maioria das pessoas não são proativas. Precisam de rumo e carecem de orientação. Se um funcionário não for liderado, ele pode se deixar levar por objetivos que não sejam o que a empresa está buscando no momento. O desvio de foco é natural e acontece quando o líder perde o controle da condução de um projeto na equipe. Pense nisso!

Não Pense no Fusca Branco

Topa fazer um teste comigo? Topa?! Então vamos lá: pare tudo o que você está fazendo, sente-se confortavelmente, respire fundo, relaxe e "não pense em um Fusca branco". Ok? Tudo bem?! Vamos de novo? Então... "não pense em um Fusca branco"! Funcionou, não é?

Vamos mais uma vez, agora diferente: "Não pense em um elefante cor-de-rosa com bolinhas verdes piscando..." E aí? Deu certo?

Na primeira vez o que você pensou? Em qualquer carro, menos em um Fusca? Pensou em várias cores de Fuscas? Menos no branco? Ou seu inconsciente rapidamente lhe trouxe uma imagem mental de um Fusca branquinho, branquinho? Por mais que tenha tentado se livrar do Fusca branco, você viu claramente na sua mente o que eu pedi para você não pensar. E o seu elefante cor-de-rosa? Bonitinho, não é? E com bolinhas verdes piscando ficou melhor ainda!

Parece engraçado. Mas o que acontece? Eu pedi para você "... não pensar!" e mesmo assim você pensou? Por quê?! Como isso é possível? Já vou responder...

Você já se pegou conversando ou dando uma ordem a uma criança dizendo: "Gabriel, não sobe aí!" e o que a criança faz? Ah... ela sobe! Ou ainda, "...não pega!", "...não mexe!", e ela simplesmente pega e mexe, como se estivesse desafiando a sua ordem! Ou ainda "... não coma doce antes do almoço!" e o que ela quer fazer? Comer o doce. Já percebeu ainda que quando você diz para alguém "... não esquece!" é aí que a pessoa realmente esquece?

Isso tudo acontece pois a comunicação está falha, está errada. Quando dizemos "NÃO faça isso..." esta palavra "não" é ignorada pelo nosso inconsciente. O nosso inconsciente não entende este "não", nosso inconsciente não tem julgamentos, e aí ele capta a informação contida na frase, por exemplo: "Fusca branco". E que informação o seu inconsciente traz? Obrigatoriamente o "Fusca branco", pois este "não" foi suprimido!

Assim a nossa comunicação funciona. A nossa mente interpreta e costuma a reter a informação principal, a informação mais importante! Independentemente se estou negando-a na frente da frase. E nós testamos aqui nos parágrafos anteriores e você percebeu isso.

Nunca diga para alguém: "Não esquece!", diga "Lembre-se!", eu garanto para você que isso faz toda a diferença. Nós conhecemos comunicadores na televisão que conhecem muito bem estas estratégias positivas de comunicação, e ao chegar o momento de um intervalo na TV, o comunicador simplesmente diz: "E no próximo bloco... aguarde... fique conosco!" ao invés de dizer de maneira equivocada como muitos comunicadores: "... não mude de canal!" ou ainda pior: "... no próximo bloco... você não pode perder! Não saia daí!" e é por isso que você se levanta e sai ou ainda muda de canal, pois o comunicador na sua falha oratória disse pra você mudar de canal ou sair e assim você gentilmente obedeceu.

Portanto, na sua comunicação em uma palestra, uma abordagem aos seus alunos, um pedido para a sua equipe, peça aquilo que você quer e não aquilo que você não quer! Entendeu?! Sim? Então, não vem comigo!

Como Motivar Pessoas?

O sucesso e a capacidade de se comunicar com destreza estão ligados diretamente a sua capacidade de motivar pessoas. A motivação trata da força que move as pessoas a agirem. É preciso dar-lhes um "motivo" para que entrem em "ação". Assim defino motivação.

Alguns especialistas chegaram a comprovar que motivação é interna. Não se pode motivar pessoas por ser a motivação um sentimento interno, ou seja, são as próprias pessoas que conseguem, ou não, automotivar-se. Na prática, o que existe são palestrantes, professores e gestores capazes de desmotivar as pessoas. Sinceramente: você não tem direito de acordar desmotivado. É o seu exemplo que faz com que você motive outras pessoas a alcançarem objetivos audaciosos. Você precisa conhecer o que motiva individualmente cada membro da sua equipe ou cada participante de uma reunião de negócios.

Em suma, as pessoas são motivadas o tempo todo, e assim procuram fazer as coisas que merecerão prêmios, evitando as coisas que não lhes oferecem satisfação. Na complexidade do ser humano, a noção de "prêmio" é diferente. Cabe então a você descobrir a noção de prêmio que motiva cada membro da sua equipe ou cada profissional de uma reunião e assim buscar a noção de prêmio individual. O comportamento de uma pessoa, muitas vezes, é motivado por fatores diferentes. Assim, você deve possuir a percepção aguçada de cada fator e trabalhar individualmente com foco no objetivo comum.

O processo de motivação em uma equipe, por exemplo, acontece quando o líder traz benefícios para ela. Não somente no grupo, mas também individualmente. Quando cada membro da equipe percebe seu líder de maneira positiva, haverá sempre uma tendência natural dos membros de segui-lo. Pois a sua segurança e confiança é motivo maior. Existe uma tendência natural de a equipe devolver ao líder seu reconhecimento e sua aceitação como forma de recompensa, pelo trabalho em equipe. Haja como um líder no auditório!

Nada de Currículo ou Apresentações

Um dos grandes erros, que diversas vezes são cometidos no mercado corporativo, é um palestrante, ou professor, antes de iniciar uma apresentação ou sua aula, ler o seu currículo. Alguns profissionais ainda colocam na tela o primeiro *slide* cheio de textos, com um imenso currículo, escrito em letras miúdas. Em alguns casos o mestre de cerimônia ou um apresentador lê aquele extenso currículo ao apresentar o profissional que irá nos falar e depois abre a palavra para o profissional, que entra até curvado de tantas graduações e méritos nas costas.

Tenha uma certeza! Esta estratégia não deve mais ser utilizada, pois ela mostra uma capacidade gigantesca de arrogância e falta de carisma. Um excesso na exposição de um precioso currículo no início não garante em nada que a apresentação, aula ou palestra será boa. Podemos estar diante de um profissional repleto de certificados pesando o seu currículo, mas este possui uma péssima oratória e capacidade de reter a atenção das pessoas.

Sempre que você for apresentado, dê um ou dois títulos ao seu nome e peça para ser apresentado desta maneira. Por exemplo: “Com vocês, Marco Meda, escritor e educador!”, pronto e só isso. Neste momento, apresentar um longo currículo valorizando ou vendendo uma imagem de alguém que ainda nem apareceu ou não iniciou sua apresentação pode soar como propaganda enganosa e assim pegar muito mal. Na maioria das vezes, as pessoas não vão assisti-lo pelo seu currículo, e sim pelo tema da palestra ou pelo seu nome. O currículo é um acessório, neste caso uma obrigação sua, pois você é o especialista no assunto!

Ao final da sua apresentação, quando estiver terminando, deixe no último *slide* os seus contatos, seu telefone, seu e-mail e fale não mais do que três minutos do seu trabalho, e aqui dentro deste tempo descreva o que você faz, como faz ou ainda como chegou até este ponto – ou seja, um brevíssimo currículo seu!

Em uma apostila, material ou relatório, em um livro, aqui sim você pode descrever o seu currículo completo – para somente aqueles que possuem interesse por esta informação a procurarem e lerem.

Conte Histórias

Um bom comunicador é aquele que sabe contar belas histórias. Podem ser verdadeiras ou de ficção como as fábulas ou as metáforas. O importante é a capacidade de reter a atenção do seu público. Quando você conta uma história, ela tende a reter 100% da atenção, pois as pessoas inclinam-se a se envolver com o enredo e cria-se uma ansiedade positiva com relação à expectativa do fim: "Como será que esta história vai acabar?"

Quando um palestrante ou professor diz "Era uma vez..." cria-se no auditório um silêncio absoluto! Imediato. Eu ainda costumo mudar o tom de voz, a velocidade, o ritmo, a postura, a posição no palco. Quando conto uma história eu diminuo um pouco a voz – sabemos que quando fazemos isso chamamos ainda mais a atenção de quem está nos ouvindo. A criatividade desperta o interesse! O interesse é gerado pelo que é novo, pelo desconhecido. O ser humano naturalmente tem curiosidade pelo desconhecido. E uma história tem este poder.

Quando usamos uma fábula ou uma metáfora – cheias de imagens lúdicas -, conseguimos muitas vezes fazer com que as pessoas pensem como criança, fazendo com que sua razão dê espaço para a emoção – e sabemos que o ser humano aprende muito mais pela emoção. Sabemos que, quando o nosso nível emocional está alterado, a capacidade de se lembrar de fatos e informações aumenta exponencialmente. Quando uma boa história é contada de uma forma lúdica, verdadeira e cativante, as pessoas imaginam cenas, cores, cheiros e sensações. Mude sua voz, movimente-se, gesticule, encene!

Se você não está acostumado a contar histórias quando estiver se comunicando com a sua equipe, em uma aula, uma reunião ou uma palestra, sugiro que você comece treinando com crianças. Conte uma história para uma criança. Veja o brilho nos olhinhos dela! Veja como ela presta atenção em você, veja como ela se encanta. Perceba que ela começa aos poucos a participar com você da história, e na sequência ou ela solicita que você conte outra ou ela começa a contar uma nova história para você e assim a comunicação vai longe.

Mas atenção! No mundo corporativo, tenha muita cautela. Cuidado com as histórias que você vai contar. Cuidado ao contar lorotas. Cuidado ao inventar falsidades. Jamais conte uma mentira. Cuidado ao contar histórias muito comuns que todos conhecem ou que ainda duvidem da sua veracidade. Nestes casos, você estará cometendo um grande equívoco e poderá colocar tudo a perder.

Cuidado ainda com histórias pessoais, de fatos ou experiências que você viveu, pois, dependendo da forma como conta, pode parecer arrogante e algumas vezes chato, pois passará um tempo falando de você e isso realmente não agrega valor em uma comunicação corporativa, muitas vezes repele as pessoas. Julgamentos com certeza serão feitos.

Cuidado ainda para não contar histórias sem fundamento, sem base científica, sem comprovação de dados ou números. Cuidado ao dar nome a um autor ou "dono" da história. Enfim, você deve tomar muito cuidado para não passar por um simples "contador de histórias" superficial.

Você deve criar metáforas que irão sinalizar um recado ou um conceito que quer comunicar. Você deve usar metáforas que exemplifiquem os fundamentos que está apresentando. Uma metáfora não tem explicação no final, não tem "moral da história"! Uma metáfora serve para deixar as pessoas pensando e refletindo sobre algo. Sugiro que você leia metáforas, fábulas, poemas e romances.

Uma das grandes estratégias que eu uso em minhas palestras e oferecem um resultado extraordinário é contar histórias de fatos ou acontecimentos relacionados diretamente ao dia a dia das pessoas que estão no evento, descrevendo prováveis situações que o seu público enfrenta na empresa, com clientes, fornecedores, chefes etc. Crio exemplos muito próximos da realidade das pessoas, de maneira que elas se identifiquem com o que estão ouvindo, confirmando o acontecimento dos fatos descritos na história e assim se envolvem de uma maneira simples e às vezes até assustadora! Esta estratégia aproxima você do seu público, dando a garantia de que você conhece a realidade dele, que já viveu isso, que já viu e ouviu isso. Ou seja, mostra para o seu público que ele não está sozinho e – tenha certeza – terá a seguinte visão: ".... até parece que você conhece a minha empresa e sabe o que acontece lá!"

O Que Você Jamais Deve Dizer?

Existem algumas palavras e expressões utilizadas no dia a dia que podem prejudicar a sua comunicação efetiva e assertiva. De acordo com uma pesquisa publicada na revista norte-americana Forbes, a autora Linda Durre elegeu as frases mais negativas no ambiente de trabalho. Segundo a autora, jamais diga palavras ou frases como: "Vou tentar", "tanto faz", "talvez", "se...", "Sim, mas...", "Eu acho..." e "Vamos ver!".

"Vou tentar", realmente significa: "Não quero fazer, mas não vou dizer isso agora". É preciso colocar paixão no trabalho. Executar com verdadeiro foco e vontade de conquistar os resultados esperados e planejados. Assim, se o projeto não der certo, provavelmente é porque não era o momento e não porque você não deu o seu melhor.

Já a expressão "tanto faz", significa: "Quero me livrar disto logo...". Portanto, na linguagem assertiva, o líder deve evitar esta expressão a todo custo, pois ela cria uma barreira entre as pessoas.

O "talvez" significa: "Não quero tomar nenhuma decisão". O

líder deve ficar atento para não cometer este erro, pois denota uma posição "em cima do muro". Ou melhor, não demonstra nenhuma decisão.

Quando diz "eu te dou um retorno", na verdade significa "quero adiar esta decisão..." ou "quero adiar o andamento deste projeto ou desta tarefa...". Você jamais deve dizer tal expressão, pois deixa claro que não possui uma decisão ou um caminho concreto para tal fato. Quando você ouvir esta frase, deve fazer a seguinte pergunta: "Quando voltamos a nos falar?". Assim, deixa claro para a outra pessoa que é necessário um retorno a respeito do assunto, pois é importante.

A palavra "Se...", quando dita no seguinte contexto: "Se fulano fizer a parte dele, eu faço a minha", tem um significado sério e negativo em que as pessoas evitam responsabilizar-se e colocam a culpa nos outros.

Expressões como: "Sim, mas...", "Na verdade...", "Sua ideia é ótima, mas...", denotam obstáculos reais ou apenas uma forma de não participar da execução de algum projeto ou alguma tarefa.

Complemento dizendo, ainda, que um dos grandes pecados na comunicação está na expressão "Eu acho..." Quem acha, não tem certeza. Quem não tem certeza não denota segurança. Você precisa inspirar segurança e credibilidade. "Achar" alguma coisa não passa nenhuma credibilidade. Algumas vezes, o termo ainda significa "não me importo o suficiente". Um membro da equipe, por exemplo, ao ser questionado sobre algo, deve verificar dados e fatos. Caso não tenha conhecimento sobre o assunto, não chute! Verifique e depois dê um retorno.

Por fim, a expressão "Vamos ver!" significa "quero evitar o confronto". Esta frase é velha conhecida nossa desde quando éramos crianças. Lembra-se do quanto era frustrante pedir autorização para ir a um passeio e ouvir seu pai responder: "Vamos ver...". Você deve dar explicações claras, diretas e sem rodeios. Caso necessário, deve pedir um tempo para responder com mais segurança.

Vem Comigo?

Chegou o momento final de você realmente responder a esta questão: "VEM COMIGO?" Você se deparou com esta pergunta várias vezes, e tenho plena certeza que pensou no assunto diversas vezes, traçando um paralelo do que você leu aqui e o que está fazendo lá fora. Obviamente concordou com muita coisa, descobriu novas técnicas, reforçou conceitos já aplicados por você, ou simplesmente não concordou com algumas coisas.

Neste cenário todo, o mais importante foram os seus momentos de reflexão. Os seus momentos de análise. De avaliação e com certeza de validação – que no mínimo estes momentos fizeram você pensar no seu desenvolvimento pessoal e profissional. Se você é novato no assunto, espero que seus erros ao longo da carreira sejam minimizados.

Sabemos que falar em público realmente é um grande desafio. Não é tarefa simples e tampouco tarefa para qualquer um. É preciso preparo, muito empenho e trabalho duro, em busca de experiência e segurança. Oratória eu digo que é sinônimo de segurança. E como você está envolvido de alguma forma com o mercado corporativo – experiente ou ainda não – daí a necessidade de se especializar na forma de conduzir equipes, reuniões e palestras, ou seja, a sua verdadeira habilidade na didática, na didática corporativa.

Tenho plena certeza que aqui está um dos seus grandes diferenciais, que o coloca em um patamar mais alto e privilegiado, onde a expressão verbal e corporal deverão ser a sua marca registrada. Acredito que você deve ser reconhecido pelo seu carisma, pelo seu sorriso no rosto. Acredito que as pessoas devem elogiá-lo pela simplicidade e objetividade em tratar as pessoas. Acredito ainda que você deve ser respeitado pela sua postura, sua ética e a sua etiqueta no ambiente empresarial. Acredito, enfim, que você não faz uma "palestra show" e sim que o show é você, com sua humilde, mas grandiosa capacidade de reter a atenção das pessoas e conduzi-las rumo ao sucesso, que é para onde você está indo.

Desejo a você sucesso. Muito sucesso.
Sucesso sempre. Vejo você no topo! Espero encontrá-lo pessoalmente um dia desses, assistir a uma palestra sua, ou participar de uma reunião de negócios na qual você estará presente, e ter a honra de ouvi-lo dizer: "... pessoal, vem comigo?!"

Marco Meda

Editora
Leader